XINNENGLIANG XINSHENGHUO

心能量，新生活

拨开生命迷雾，找回内心平和

照临◎著

经济管理出版社
ECONOMY & MANAGEMENT PUBLISHING HOUSE

图书在版编目（CIP）数据

心能量，新生活/照临著．—北京：经济管理出版社，2015.9
ISBN 978 - 7 - 5096 - 3885 - 9

Ⅰ.①心… Ⅱ.①照… Ⅲ.①人生哲学—通俗读物 Ⅳ.①B821 - 49

中国版本图书馆 CIP 数据核字（2015）第 169118 号

组稿编辑：张　艳
责任编辑：张　艳　丁慧敏
责任印制：司东翔
责任校对：雨　千

出版发行：经济管理出版社
　　　　　（北京市海淀区北蜂窝 8 号中雅大厦 A 座 11 层　100038）
网　　址：www. E - mp. com. cn
电　　话：（010）51915602
印　　刷：北京晨旭印刷厂
经　　销：新华书店
开　　本：720mm × 1000mm/16
印　　张：12.5
字　　数：191 千字
版　　次：2015 年 9 月第 1 版　2015 年 9 月第 1 次印刷
书　　号：ISBN 978 - 7 - 5096 - 3885 - 9
定　　价：38.00 元

序　言

一束阳光穿过凸透镜照射在火柴头上，几秒钟后，火柴"嗞"地一声点着了。很多人小时候都玩过这个。那时候，我们惊叹于一点点阳光，竟然能把火柴点着，而不用费力地在火柴盒上划。

我们还玩过水管，正常情况下，水管中的水流并不会太有力，然而，当我们把塑料水管出口用力捏起来，只留一个小小的出口，管中喷出的水流会特别有力，可以射到很远的地方。

这些都是能量聚焦的体现。当能量分散时，自然每一个承受能量影响的"单位面积"效能更低；当能量聚集时，在特定着力点上，其影响力就会更强大。

我们的生命也是如此。每个人的生命能量是有限的，没有人拥有永远用不完的体力、精力、时间及各种生命资源。很多时候，我们之所以焦虑不安，生活在烦恼、病痛、疲惫的边缘，是因为我们开了太多消耗生命能量的通路，而没有把有限的生命能量用到最需要的地方。

当你仔细打扮后，信心满满地去上班，感觉自己很美丽，喜欢自己。当你与一位同事一起跨进公司，另一位同事用惊讶的语言说："哇，你今天看起来美极了!"不过，当你正准备心花怒放时，却发现他是在赞美你身边的那位同事，你顿时会感觉很受挫，接下来的一整天你都有些郁闷。你费了一些劲，才最终说服自己，重新恢复好心情。

我们的很多生命能量就浪费在这样的事情上，不是用在创造上，也不是用在让自己的生命更加美好上，而是用在不断跟他人生气、计较、应付、较劲、争斗以及自我疗伤上。更可惜的是，这些所谓的伤大多是自找的，或者自己制造的。

比如，你听说某个朋友高升了，内心会不畅快，你不畅快，是因为他人的好让你觉得自己不够好。更重要的是，不好的心情是最消耗生命正能量的。当你情绪不够好的时候，生活、工作的效率会受很大影响。一个没有喜悦之情的人，很难创造出真正喜悦而美好的东西。由于不好的内心感受及种种烦恼，我们不得不花很多精力去调整自己，恢复到好的状态，而这会消耗大量生命能量。这些生命能量本应该用来为你的生命创造更多美好。这就好比我们有一支墨水有限的笔，由于种种原因，不时写错，于是不得不修正、重写，这些都在不断地浪费有限的墨水，而这些墨水本可以帮助我们书写更多美好的文字。

事实上，从生命伊始，我们每个人都拥有让自己成为卓越者的能量，然而，最终却只有极少数人实现，绝大多数人都成为平凡之辈。这并不是说平凡就不好，而是说我们每个人的生命本可以更加美好。只是我们在此过程中，浪费了太多能量，以至于自我迷失。

我们的生命中有很多存在，这些存在都为了一个目的，那就是提升我们的幸福感。而幸福感是一种生命各方面能量均衡的体验及感受。那么，如何才能减少生命能量的浪费呢？答案是，尽可能使自己的身心保持在良好状态。也就是说，尽可能让自己胸怀宽广、积极勇敢、乐观知足、慈悲奉献、智慧从容，并且身体康健。因为只有尽量保持这种生命状态，我们才不必花费很多精力去与自己、与外界、与他人做不必要的抗争，也不必经常花费精力疗伤。

想想看，我们一生中花了多少精力去调节各种莫名其妙的烦恼、负面情绪？又花了多少时间和精力与健康问题抗争？

其实，这就是本书的目的——知幻即离，离幻即觉。我们一生中之所以要耗费太多生命能量，不断自我调整那些莫名其妙的烦恼、问题、困惑、错误，是因为我们活在迷失之中却不自知，于是，一遍遍地制造问题，然后又花很多精力去解决问题。我们很难摆脱这一困扰，最重要的根源在于，我们没有"知幻"，也就是没有看见真相，没有看清生命中那些真正有意义的东西。

通过本书，我们可以从生命的各个角度、维度看待生命中的一切。盲人之所以搞不清大象的真实样子，是因为他们有局限；假若他们能从各个角度、多个维度去摸，自然能摸出最接近大象的真实模样。

希望本书可以起到抛砖引玉的作用，它或许不是最好的指引，但却是另一个指向月亮的手指。每个人心中都有自己的月亮，但通过这本书，我们或许能看见不一样的月亮。

在本书的成书过程之中，得到很多朋友的帮助，在此感谢他们！如果没有他们的帮助和支持，这个过程将会异常困难，甚至无果而终。同时，也由衷地感恩我生命中的每一个人！无论他们以正面或者负面的形象出现在我的生命里，现在回想，那都是助我成长的力量和台阶。正是这种不断成长及对生命的觉察，让我深深地洞悉，他们都是上天派来帮助我成长、帮助我修炼生命功课、帮助我变得更好的天使，没有他们的出现，就没有今天的我。

从另一个层面来看，更要感恩上苍！所谓天生万物，上天给予我们每个人生命，给予每个人不同的特点、禀赋、处境和经历，也正因如此，我才有可能成长为一个这样的我，有这样一个机会分享自己的心得。在本书成稿的过程中，很多时候都有灵感出现。当一个章节主题灵感出现，我就动笔，仿佛有一种强大的力量不断帮助和指引我写下去。我始终相信，我们对生命本身、对这个世界乃至整个宇宙都知之甚少，所以我对大自然、对上天永远保持敬畏和感恩。

感恩一切发生，感恩一切存在，感恩过去，感恩当下，愿我们每个人都在感恩中获得力量和智慧！感恩是一种极强的心灵能量，它将帮助我们走向更美好的新生活！

最后，愿本书能给读者一些启发。若读者在阅读本书的过程之中，或多或少获得一些对自己、对生活、对世界的全新认识和感悟，那便是我莫大的荣幸。我想，那将是我与你的缘分！由此机缘，或许我们彼此的生命都将变得不同。

照临

2015 年 5 月 21 日

目 录

01. 好坏之分，源于片面

　　我们生命中的很多困惑、烦恼、痛苦，源于我们总站在一个特定的角度看人和物，总从单一维度看事物。事实上，任何人、事物，都不是单一的存在，而是整个时空之中的多维存在。只有我们学会从多角度、多维度看待人、事物，才能真正的了解和认识。

　　例如，我们都知道睡美人的故事，公主被一个邪恶的女巫诅咒，沉睡不醒。若我们只从这个角度和层面来看，就只能看到公主是无辜的，国王是可怜的，女巫是邪恶的。然而，当我们站在更高的层面去看，就能看得更全面。把这个故事扩展开来，女巫为何会邪恶？女巫为何要诅咒公主？于是，我们看到了另一个故事——《沉睡魔咒》。

　　在这个故事中，即睡美人中的邪恶女巫，原来是一个善良、美丽的天使，她有一双美丽而强大的翅膀。她与一位少年相爱了。然而，当少年变成青年后，他内心对权力、财富的野心和欲望，使他离开天使，去追求自己的梦想。年轻人为了帮助国王打败天使，回到森林，对天使诉说曾经的爱慕，使天使疏于防备，趁机割下了天使的翅膀，献给国王。因此，年轻人成为了新的国王。当天使醒来，知道自己被所爱的人欺骗并伤害，悲伤痛苦至极，从此她不再相信世上有真爱。当她听说新国王有了一个女儿的时候，更是气愤之极。于是，仇恨的力量趁机控制了她，她变得空前邪恶。新国王女儿庆典的那天，她当着新国王的面，对他的女儿施下了魔咒，并说，除非遇到真爱之吻，否则永不醒来。

　　看了这个故事，你还能说一切全是女巫的错吗？那女巫还是邪恶的吗？到底谁是邪恶的？

　　由此可见，我们唯有从更高的层面才能看得更全面。否则，我们看到的仅仅是片面，而结果的好与坏，往往都是我们以自己的片面认识得出的判断。

　　当秋天果实甚少时，我们不能只是哀叹上天薄待，而应该看到，这个结果是因为我们春天播种、夏天耕耘甚至冬天所藏的种子出了问题。这样，从冬天开始，至来年春夏，都应重新调整改善，以期好的收获。

02. 天道往复，盛衰皆常

看看周围的世界，再看看我们自己的世界，就会发现，一切都依着某种规律运行着。那规律是什么？是自然之道！是生、长、收、藏的自然之道。一个人的一生，一个人的身体状况，一个人的家庭，一个人的婚姻，一个人的事业，皆是如此。做一个人如此，做一件事也是如此。

人生天地间，必受自然规律的影响。所谓"天人合一"，天地之间的事物是如何存在的，作为一个人，在自己的一生之中，在社会、家庭之中，也是同样存在的。大多时候，我们活得困惑、迷茫，正是应了那句："道不远人，人自远之。"

一年有春夏秋冬，一个人一生不也是如此吗？世间之人，有谁能脱离这个规律呢？"旧时王谢堂前燕，飞入寻常百姓家。"纵你一朝辉煌鼎盛，没落也终是必然。纵使那夏天繁花似锦，也未能常驻。这就是自然规律，没有人能置身于外。

对此，你看到的若仅仅是无奈，那说明你看得尚浅。当你看到盛夏之后，秋风乍起，正是收获果实之季；而秋季之衰落，正是冬季收藏，休养生息之时；冬天寒冰闭藏，正为孕育来年春之生发。若看到这一层，你就会发现，原来一切都恰到好处，一切都如云行雨施，奥妙无穷。

想想这样的情景，园中有几株植物，当春天来临，争先发芽、生长，然而，总有个体遇着某种机缘，长势压过其他几株，于是，它越长越好，当夏天来临，往往一家独大，其他几株只能苟且生于其下。若一直是夏天，没有季节轮回，这种局面将成定局，独大的越发吸收更多营养，越来越强大，弱者的竞争力越来越小。然而，当秋天来临，无论曾经如何繁茂，秋风到处，尽成枯亡。当冬天来临，一片寂静。然而，新的春天到来，大家又在同一起点上，那些曾经的弱者有机会占得先机，争取到自己的繁华。

所以，有了这自然的盛衰轮回规律，才给每一个生命不同的机会。有了这盛衰轮回，也才有了变革、新生、发展。

若你的生命正处于停滞不前的阶段，不要灰心，固然，停滞不前的结果是开始衰败，但只要你正视这个规律，看清这个事实，重新调整自己、变革自己，新生的机会便会来到，由着这个新生，你的生命也将进入新的更好的阶段。

若你的生命正处于繁盛阶段，你也不要太过得意，繁盛的背后就是衰落，你当早做准备。同时也不必为繁华将尽而烦恼，你也可以通过衰落更好地休养生息，从而为新的机会、新的发展做好准备，以期生命进入全新的层面。

生命的过程就是螺旋向上，只要你在每一个繁盛、停滞阶段，懂得及时调整、改善、变革、进化，无论四季如何变换，生命盛衰如何起落，你的生命都永远处于越来越好的状态。

我们变革也好、进化也罢，这一切都是以自然规律为大方向。虽然我们有些时候的变革看似违背当时的规律，但从大局来看，这个违背是暂时的，因为它将更符合大势。当然，由于所有变革都是暂时违背当时规律而进行的，所以，一时遇到阻力是必然的。只要我们坚定信念，坚持不懈，全新的生机必然展现。

03. 生命盛衰，螺旋之舞

2014 年春天，买了一些花草种子，准备在阳台上种植。但考虑到六七月一家人要远赴外地，家中无人看管，就把这事暂时放下了。待 8 月回家，便抽时间把它们种下去。原想着一周后便能看到新芽破土，阳台将充满新的生机，可是那些天一直阴雨，不见阳光，10 天过去了，依然没什么动静。最终，15 天之后，其中一个花盆陆续长出一些弱小的芽苗。其他地方，什么也没长出来。而那唯一发芽的一盆生命，也长得极其缓慢，到 10 月也才不过 15 厘米高。

事实上，同样的种子，2013 年种过，四五月种子入土，7 ~ 10 天就能发芽，而且每天一个样，有时一个晚上就能长高几厘米。

这就是自然规律的力量！顺者轻松昌盛，逆者费力难荣。春天本就是播种的季节，一旦错过了这个季节，无论如何努力，都难以实现好的发展，至于秋季的好收获，自然也是极难的。自然之种种，时时提醒我们，凡事皆应学会看清规律，把握大势，顺势而为，方能春种夏耘，秋收冬藏，悦享其成。

想想看，你目前的人生处于什么阶段，春天？夏天？秋天？冬天？而你又在这个阶段做什么？是顺其自然还是背道而驰？

我们的生命历程并非是单一的盛衰过程，而往往是一个大的盛衰历程，而每一个盛衰阶段中又包含着另一个阶段的盛衰过程，环环相扣。我们每天的生活、工作都处在这个盛衰过程当中。

例如，你目前已经结婚，与丈夫或妻子的关系处于平淡期，这就表明你的婚姻关系已经处于盛极转衰的状态。当你看到这个事实，不必烦恼。因为你知道，这一切不过是自然规律而已。任何事物都会经历盛衰。当你与爱人经历热恋，共结连理，再经过婚姻初期的甜蜜生活，必然会进入平淡期。因为任何事物经历了最好的状态，必然要进入衰退阶段。同时，你也明白，现在是要进行改善、变革、进化的时候了，否则，衰朽是必然的结果。你要使你们的婚姻幸福美满，就得如此。把现在繁盛将衰的阶段作为新的起点，在此基础上，改善那些已经发现的、阻碍你们婚姻幸福的东西，变革以前固有的影响夫妻美好关系的东西，根据几年来夫妻相处的经验及对彼此的了解，做一些必要的自我进化，以更适应对方，更利于夫妻携手共进。

当你如此做之后，你会发现，你们的婚姻又进入了新的春天，幸福美好。而在这同时，你们也会发现，恰恰是因为这些改变，你们的婚姻进入了全新的幸福高度，这使得你们彼此的灵魂都更加美好。你们又为自己的婚姻开创了新一轮的局面。

当然，这样的状态也不可能是永久的。过几年，你会发现你们的婚姻又进入了疲惫期。于是，你必须再一次去努力变革、改善、进化，以便你们的婚姻幸福进入新的层面，开创新的春天。

这个过程如此往复，将持续地存在于你们一生的婚姻之中。你们的婚姻不断经历盛衰的轮回。然而，因为你们不断进行改善、变革、进化，每经过一个往复轮回，你们的婚姻都更上一层，你们彼此的灵魂都提升至更高境界。而纵观你们整个生命历程，那将是一场多么美好的生命螺旋上升之舞。

04. 盛衰勿惧，顺势而为

有一个人跟我诉说他的烦恼：他能力很强，总能把自己的工作做好，在过去5年里，他换了3份工作，事实上，每份工作都做得不错。但问题是，由于他聪明能干，每份工作做1年后，就能驾轻就熟，也就是在这个时候，他往往对工作失去热情和兴趣，因为无论自己怎么努力，都无法再有提升和突破。他感觉自己似乎中了一个魔咒，不断重复一种模式。例如，现在这份工作其实做得不错，经过1年，他已经能把各方面都做得很好，但是想再提升却不可能，感觉力不从心。在这种情况之下，热情开始减退，同时开始懈怠。

回看过往，似乎他每次都得重新开始，在某个圈子里打转。我问他这几年都换了什么工作，发现他换工作毫无规律，有时甚至跨越行业，这就是最大的问题。由于他每次都选择重新开始，所以，每次都从头再来，自然无论换了多少工作，也无论每次能把工作做得多好，依然在人生、事业层面没什么实质提升。

对于每个人来说，工作、事业上遇到"瓶颈"，寻找新的开始并不是问题，真正的问题是，你在人生阶段由盛转衰，再进入的新开始，是在原来的基础之上，还是全新的地方。

看看大自然，每一年都是由春生、夏长，到秋收，再到冬藏，似乎每一年对生命来说就是重复轮回，但深入探究就会发现，那不单单是从头再来，其实每一年的从头再来，都应该是建立在上一年的基础之上。而且很多生命都是在经历上一年的盛衰后，在新一年春天来临之时有所突破、成长、进化。正因为有了这盛衰轮转，才有了突破、成长和进化的机会。这才是生命活力的秘密所在。

一粒种子，春天发芽，夏天繁盛，接着必然迎来秋天的凋零，但这也正是它们经历春生、夏长之后，收获果实的时候。接着进入衰亡的冬天，然而，正是因为冬天的来临，才使得它们把能量精华都收藏集聚于种子或者根系之中。这些种子或者根系之中所收藏的，除了生命能量的精华，还包括一整年的生命成长经验，及应对某些危险、灾难、问题的修正信息。这就是变革、突破、进化。于是，当新一年的春天来临，这个生命聚化的种子或者根系将以更好的生命状态在新一年里昂首立于天地之间，再一次经历生命盛衰。

自然之中，每一个生命都是在这样盛衰进化的轮回之中越来越好。

没有哪一株植物是在经历一年的盛衰后，来年春天生长成其他植物，它们都是以每一个季节轮回为基础，不断螺旋向上，进化成长。

我们每个人的工作也是如此，无论你做什么工作，都会经历盛衰，无论你做得多好，多有能力，都将在经历上升、精彩的阶段之后进入衰退期。这个时候，你不应该为之烦恼，更不应该灰心，应看到，这是自然规律。目前的衰退并非意味着你不够好，也不意味着你不够努力，而是意味着，这一阶段的工作事业已经进入了一个轮回的衰退期，接着可能就是衰亡了。

对此，我们应采取应对措施：一方面，不花过多的精力去抓将逝之夕阳，而是接纳这个衰退的事实，总结这一轮回的经验；另一方面，在原有的基础之上，进行必要的变革、改善、进化，从而开创新一轮发展，开创新的春天，当然也必然是新一轮的阶段轮回。经过这些变革、改善、进化及新一轮发展，你的事业也将进入全新的高度，而不是纠结于过去。

很多时候，我们面对困境迷茫、害怕，是因为我们没有看清这一自然盛衰的规律，或者抗拒，或者不接纳，或者试图背行逆施。要知道，当夏天已尽，秋天来临是必然的，是不可避免的。无论你如何努力挽留夏天的繁盛，最多也不过多拖几日繁华罢了。更何况，你付出十倍的努力挽留，也改变不了多少。如果把这样的努力，用在新一轮春种夏耘之上，你的收获将不止十倍。

天地自然以现象展示给我们，并告诉我们"天人合一"的智慧，而这一切都在教导我们要学会顺势而为。一说到顺势而为，可能很多人会马上联想到不作为。事实上，顺势而为并非是不作为，"顺势"是不妄作为，"而为"之"为"是适当时机要及时作为。"天人合一、顺势而为。"是告诉我们，不要做阴雨天晒被子的事，要多做依山种树、傍水养鱼之事。

05. 天性使然，光明正途

有一匹小马正准备过河，它刚准备迈出前腿，一只松鼠跳到它的面前，告诉它，河水太深，不能过，前几天自己的一个同伴试图过河，就被淹死了。小马害怕了。正在此时，一头老牛经过，告诉它，河水不深，刚到膝盖，放心过吧。小马面对两种意见，不知所措。

这是一个人人皆知的故事，但是，当我们面对具体问题的时候，却忘记了这个故事给我们的启示。

河水深还是不深，能不能过，不由河水决定，而由你是什么决定。你若是身材矮小的松鼠，过河当然有生命危险，你若是身材高大的牛自然可以放心地过。你若是可以畅游江河的乌龟，即使是汪洋大海，也一样可以过。你的天赋、能力决定了你能做什么，不能做什么。这就是正确地认识自己。若你不能正确地认识自己，你便无法活出自己的价值。

每个人的生命都有自己的状态，只有看清自己的状态，认识到自己的特点，才能找到适合自己的路：

若你的生命特性是木型，你就该如春天一样去生发，去发现、去追求、去尝试，活出朝气和活力。

若你的生命特性是火型，你就该如夏天一样去繁盛，以你的热情去实现更大的目标，以你的无畏向前不断突破，接受挑战，勇攀高峰。

若你的生命特性是金型，你就该如秋天一样不留恋繁华，并能透过繁华，看到问题，总结经验，以成硕果，秋风虽萧瑟，累累终果成。

若你的生命特性是水型，你就该如冬季一样，收藏所有的显露，沉淀所有的经验和智慧，在沉默中酝酿力量，以助来年春天的蓬勃生发。正如老子所言："水利万物而不争，故天下莫能与之争。"

若你的生命特性是土型，你就该如大地一样，以你的朴实沉稳承载万物。你的存在就是为万物搭桥梁，你的认真随和帮助其他4种类型更好地互相协作、彼此支持，从而更好地成就自己。在这个过程中，你也成就了自己。

在宇宙中，若没有大地，其他一切都将不复存在，春木再有生机，自土中方能生；夏火再有热情力量，以大地上的万物为能量来源；秋金再有肃杀、收敛之力，必有大地方能有所成；冬水再有收藏之精华，利万物之善，必以土合之，方显己德。

在具体的生活中，人与人的秉性不同，若人人都如春夏秋冬一样个性鲜明，必然互相克制，相互抵消能量。然而，有了土型这种性格随和、个性圆润的人存在，自然能使不同的人沟通顺畅，化解冲突，从而更好地进行团队协作。这就如《西游记》中的团队，看似沙僧没什么大贡献，但他却起着"老好人"的团队调和剂作用。每当悟空责骂八戒的时候，沙僧总帮八戒说些好话，每当八戒向唐僧抱怨悟空不好时，沙僧总替悟空说些好话。总之，团队有矛盾的时候，沙僧总能照顾到各方利益，尽力调和各方分歧，以助团队关系和谐。

想想看，土被我们踩在脚下，似乎最不被重视，但若没有土地，还有什么能够存在？你可能会说，那大海之中不是也一样生机勃勃吗？但大海也要土来作底支撑，没有大地之土，哪来的大海！

根据上述"五行"智慧，世间万物根据其主要特点，可以分为5类，即木、火、金、水、土。一年有4个季节，春为木，夏为火，秋为金，冬为水，而土为四季交替。我们的身体，也分为五大系统，肝系统为木，心系统为火，肺系统为金，肾系统为水，脾胃系统为土。其中，脾胃为后天之本，其他任何脏腑或者能量都需要脾胃运化提供支持。从天地自然的角度看，土都是联结调和其他4种能量元素的重要基石。

当然，每一个存在类型都是重要的，5种类型互相支持，互相制衡，最终形成了美好世界。

就如你不能说哪个脏腑系统是重要的，哪个是不重要的，它们之间相互依存，互相支持，互相制衡，形成一个平衡系统。当它们各自健康时，它们之间的关系是平衡、和谐的，我们整个人就是健康的，否则，便会不舒服、生病。

若每一个脏腑都做好自己，整个系统便是和谐的，身体也是健康的。对于开篇的"小马过河"来说也是一样，当每一个生命都能清楚认识自己，做好自己，世界也将是美好的。若小马无法认识到自己是马，便无法做好一匹马，自然，一条小小的河都将成为阻碍它前行的力量。

对于每个人来说，你是否认清自己？你是具有哪种能量特性的人？木型、火型、金型、水型还是土型？你认不清自己，就可能永远在做别人，自然经常走错路，被本不存在的困难压倒。当然，在这样的生命状态下，你也很难活得轻松、快乐，因为你迷失了自己，你的本心、本性被深深掩埋，你的生命之光是昏然暗淡的。

一个木型的人，每天在实验室做研究工作，他很难快乐，也无法让自己的智慧得以发挥，做出好成绩。因为，他的生命状态是春天、是向外、是生机、是丰富，他只有走向外面的世界，走入人群，走入丰富的世界，才能焕发光彩；也只有如此，他们才能活得快乐，并且在社会中如鱼得水，实现并取得良好的成长、成绩和收获。

一个水型的人，每天与各种人打交道，忙于各种人际应酬，他是烦恼的、痛苦的，也很难在工作上做出更大的成绩。因为他的生命状态决定了他是冬天，他喜欢安静，喜欢独处，喜欢深入研究一些事物，他们不喜欢说过多的话，不大善于与人交际，他们对外界也没有足够热情。这不表示他们不好，而只是他们的生命特性而已。若给他们一个喜欢的研究性工作，他们定会乐在其中，并且做出成绩。你可以让他们做某方面的智囊、顾问，而不是让他们直接与人打交道，给他们一份少与人沟通的工作，他们定能认真、负责地完成。

一个火型的人，每天做着按部就班、平淡无奇、没有挑战的工作，他们很难提起兴致，更难愉快。长此以往，他们的生命热情必然熄灭。因为他们的生命状态如火热繁盛的夏季，必要热血沸腾，充满挑战，热情似火，大步向前，方能尽兴。他们希望掌控局面，突破阻碍，实现一个又一个的目标。若给他们一个充满挑战，需要以足够的热情及努力达成远大目标的事情，他们定会热情高涨，欣然前往，并且能完成他人无法想象的任务。

一个金型的人，每天如果做着冲锋陷阵般的工作，必然因过分担忧、焦虑不安而止步不前。而若给他一个审计、监督类的工作，他们会乐在其中，因为他们的生命状态如秋天一样，风扫落叶，一切衰败不良，全都斩除。他们善于发现问题，找到问题。《黄帝内经》中说能量属性同为金的肺为"相辅之官，治节出焉"，就是说金型的人最大优势就是"相辅"和"治节"，相辅者，辅佐管理者减少错误、避免问题，更正确地把事情做好；治节者，治理、节治也。所以，不是金型的人消极、悲观，而是他们的天性使然。只要把他们放对了地方，这种天性一样绽放光芒，一样使这个世界更美好。

一个土型的人，让他做领导，那真是难为他了，他可能成为一个没主见、没立场的平庸者，他们自己也做得很累，很不愉快。但若让他做跟随者、辅助者，他们往往能轻松、快乐，并且认真完成任务。更重要的是，作为一个辅助者，他们往往还能成为团队、人群中的关系调和者，他们随和的性格使他们照顾到每个人，有他们的存在，人群中就多一些和平，少一些冲突。他们在很多时候，表现出老好人的特点，但恰恰是这点，对于团队极为重要。他们的天性就如一个岁月之圆，把春夏秋冬4个本不相同的季节联系起来，形成一个轮回循环，有了这个岁月之圆，我们才有了一个完整的世界。

如不同的季节展现不同的能量趋势一样，自然中的每一个生命都懂得在什么季节做什么事，于是，我们看到自然中的动物、植物都能少有问题地活尽天年，活出它们自己的光芒和价值。而恰恰作为万物之灵的人类却忘记了这一点，常常做着悖逆规律的事。由此，生出很多烦恼和痛苦来。例如，秋冬季节还吃西瓜、冷饮，这样违逆自然规律的行为，必然导致身体损害，最终产生疾病。

笔者一位朋友的姐姐听说要多喝水才健康，于是，每天早上空腹喝一杯水，坚持一年多，前些天见到她，身体明显发胖，脸色暗淡，皮肤无光，脸生痘痤。她向我讨教让自己皮肤变好的方法，我问起她的饮食习惯，才知道她晨起空腹饮水这一习惯。事实上，真正的问题不在于喝水，而在于这个习惯是否适合自己。对于那些阳气旺盛、身体多内热的人，自是好的。可是对于她这种身体阳虚的人来说，越喝身体越阳虚，最终导致身体阳气衰微，无法运化水湿，从而发胖，并且身体阳气不足，阴寒重，自然气血运行不畅，形成瘀滞，表现为皮肤暗淡无光。因为身体阳气不足，还会出现虚火上行，由此脸上长痘；而更重要的，由于身体肾阳不足，身体代谢也受影响，最终表现为加快衰老。

前些时间一直在外地接触了很多人，有一个问题让笔者感受颇深——每个人都在一手打造自己的生命状态，包括健康、生活状况。更重要的是，每个人自己打造的生命状态，没有任何人可以试图改变，除非他们自己主动改变并采取行动。他人能做的仅仅只是协助，本质的改变在于自己。

例如，有位朋友，40岁左右，身体状况已经不太好，几年来腰痛、乏力、颈椎不好，开始慢慢影响他的正常工作和生活。我给了他很多健康生活建议，并且帮助他调理体质，几天后，他整个人舒服轻松多了，但最重要的问题是，他依然控制不住自己，大吃大喝，啤酒、冷饮更是不能自控。面对这样的状况，我只能帮他缓解一时，但无法帮助他彻底恢复健康。

为什么？因为经过了解，他的身体阳气虚弱，肝肾不足，六脉沉弱。平时腰背怕冷、疼痛无力，整个人总处于乏力、无力状态。在这样的体质下，寒凉的东西当然要忌口，油腻的食物也要少吃。如果你有这样的问题，还整天吃冷饮，你如何才能解决问题呢？即使帮你调好，你不改善生活方式和习惯，健康问题依然会复发。

有的人可能对此有疑问，既然身体问题调好了，为什么吃点东西就会复发呢？因为每个人的体质不同，你的体质决定了你适合什么样的饮食及生活方式。若你的身体状况如一辆越野车，那你经常跑野外的路，影响不大，但若你的身体如一辆普通居家用车，还整天行驶在野外，它当然更容易出问题；老虎要在山林中、鱼要在江河湖海中、北极熊要生活在寒冷的世界中等，各得其所，方能生存。

如果你说别人可以我也可以，那你试试就知道会出问题。那些生活在大自然中的动物，繁衍了无数年，换个环境往往就灭绝了。

同样，如果你的体质阳虚，你就要根据自己的状况少吃寒凉之物，注意保护和补充身体的阳气；如果你的身体气虚，你就注意别太用力，让自己累着，饮食生活中注意保护脾胃，适当多吃一些益气健脾胃的食物；如果你的身体血虚，总是眼睛干涩，气色不佳，脸色发黄，便秘，你就别熬夜，保护脾胃，少吃辛辣，适当吃一些滋阴养血的食物等。不要管别人怎样生活，你要选择适合自己的生活。人与人的体质是不同的，想要健康，就必须顺势而为。

草原民族的人天天吃羊肉，他们很健壮，你不是草原民族，天天吃羊肉试试看，要不了多少天，你可能就出问题了。因为羊肉属性大热，一般人吃多了，越吃越热，上火。

不同民族的人有不同的体质，不同地域的人有不同的体质，不同的个体也有不同的体质。所以才有那么多种饮食习惯、菜系等。

事实上，健康的创造者不是医生，而是我们自己，是我们自己的生活、饮食习惯。最大的健康杀手也不是其他因素，而恰恰是我们自己不健康的生活、饮食习惯。不适合自己体质的生活、饮食习惯，让我们的身心能量越来越不和谐，越来越混乱，这给其他致病因素创造了有利条件。

同样的气候条件，有的人好好的，有的人却病倒了，是他们弱不禁风吗？其实，真正使他们病倒的不是天气，而是他们自己越来越差的体质！是他们长期坚持不适合自己体质的生活及饮食习惯，使自己的身心能量越来越混乱。

内乱引外祸，内忧生外患。里有应，外以合，祸乱丛生，必然之局也。

因此，你要认识到，我们每个人都在一手创造自己的生命状态，我们也必将由此改善自己的生命状态。同时也要认识到，大家都是人，这是相同的部分，但尽管大家都是人，但人与人有着不同，然后，在同中存异，存异求同，找到适合自己的生活方式，你才能获得生命个体应有的光彩和健康。这也是顺势而为，不违天地之道。遵循自然，天人相应，大道至远。

对于身体，我们要选择适合自己身体特点的健康生活、饮食习惯。我们每个人的生活、工作、人生也是如此，我们要认识自己，了解自己的天性，适合自己的路，选择适合自己的生活。我们是什么类型的人，就应该做什么类型的事，选择什么样的人生道路。唯有如此，我们才能活得轻松，活得快乐，活得滋润，活出自己的生命光彩。

如今的社会竞争激烈，节奏越来越快，看看我们身边，有多少人活得疲惫不堪？有多少人脸色暗淡，必须依靠涂抹一层层化妆品来掩盖？有多少人食不知味, 夜不能寐, 玩不知趣, 闲不心静? 为什么会如此? 因为我们没有活出自己, 都在强迫自己活出别人——效仿别人, 或者为赢得别人的赞誉。我们都把自己的天性给压制了, 我们都把自己的生命之光给遮挡了。用那些看似热闹辉煌、光彩照人, 听似精彩丰富、乐趣无穷的花招麻痹自己, 然而, 当我们独自面对自己内心的时候, 却是不安、无助、压抑、痛苦。我们的本心一直在我们自己制造的牢笼里挣扎, 我们却选择了逃避和视而不见。

想象一下孙悟空从五行山下解脱的美好感受吧! 你的本心何时才能得以解脱? 你的本心不得解脱, 你的生命就必将与压在五行山下的悟空一样, 周围荒草丛生, 自己污垢横肆, 身体动弹不得, 心灵充满绝望, 生命黯淡无光。唯有获得解脱, 方能施展能耐, 跨越千难万险, 历尽种种磨难, 得以善果金身, 让自己的生命重新焕发应有的光彩。

06. 找回本心，活好自己

本心是什么？本心，就是你的天赋、天性所具备的真心。就是你不自觉就喜欢那样想、那样做、那样说背后的内心。

很多时候，我们对外在世界的喜好并非完全受意识控制，往往是不自觉地，那来自于我们的潜意识，你莫名其妙就讨厌，或者喜欢一个人，或者感觉某人、某事、某物初见即如曾识，这些都是我们本心的一种表现。而本心只能一时被掩盖，却无法永远隐藏。只要一有机会，一不留神，它就会显现。

老鼠总被猫抓，它的很多同伴都被猫抓走了，甚至它的父母都没有幸免。无论它如何努力练习奔跑、跳跃，都免不了为一点点食物而死里逃生。每一次听到猫叫，它都不自觉地发抖，恐惧。

"等我长大，就不再怕猫了！"它想。可是，等到它长成大老鼠，几乎跟小猫一样大，小猫叫一声，它还是吓得发抖，拼命逃跑。对此它烦恼不已。

"上天不公平！偏袒猫！"它想。于是，它每天向上天祈祷并抱怨，希望上天能对它公平一些，让自己强大一些，不要再偏心那些可恶的猫。

天神终于受不了它每天祈祷并抱怨。出现在它的面前，问它需要什么帮助。"我想变成一只老虎！"它想了想说，"这样，我就不会再怕猫了！"

话音刚落，它就被变成了一只老虎。它兴高采烈，大摇大摆地走起来。正当此时，它看到好多只猫都惨叫着跑开了，它高兴坏了："哈，原来我变得如此强大！看那些可恶的猫还敢再欺负我！"正当它骄傲时，却看到一头大象走来，看到大象如此巨大，完全不把它放在眼里，还差点踩到它，它又害怕，又气愤。"原来大象才是最强大的！"它想。

于是，它再一次请求天神帮助，把它变成一头大象。天神如它所愿，它摇身变成一头大象，它高兴极了。正当此时，一只猫边叫边从它身边经过，它禁不住全身发抖，恐惧丛生。

天神看到它如此，问它害怕什么？"我……我……我害怕那只猫！怕它扑上来！"它断断续续地说。"我的孩子，你现在如此巨大，猫怎么能伤害得了你呢？"天神说。

它看看自己，再看看小小的猫，确实如此。"可是，我就是控制不住地害怕！不知道这是为什么？"它疑惑地说。

"我的孩子！"天神说，"那是因为你的本心！你的本心依然是一只老鼠。这决定了无论你的身体变成什么，你的本质永远都是一只老鼠。你有一颗什么样的心，你就将成为什么。"

"唉！看来是我命苦，谁让我拥有一颗老鼠的心呢！"它垂头丧气起来。

"你看看那边，我的孩子！"天神指着不远处的一头大象说，"你看，那头大象还害怕老鼠呢！"

它仔细一看，原来是一头大象正从老鼠洞前经过，那老鼠怕大象踩坏自己的洞穴，勇敢地冲出来，想赶走大象。那老鼠虽然弱小，但大象看到那么勇敢的老鼠，也就离开了。另一头大象也想从这里过去，那老鼠情急之下，飞快地爬上大象的身体，咬大象的眼睛、耳朵，虽然它无法真的咬伤大象，但它的勇敢举动吓走了这头大象。

"看到了吗？我的孩子！世间万物，皆有其缺点和优点，小有小的好，大有大的好。不是我们做什么才是最好的，而是我们做好真实的自己，才是最要紧的。有时候，一只优秀的老鼠，也并不一定就比一头大象弱小。"天神说。

听了这话，老鼠点点头，请天神把它变回老鼠。它决定今后要做一只优秀的老鼠。

是的，我们的本心是什么，我们就是什么，即使孙悟空变成了唐僧，它的很多不自觉表现依然像个猴子，也依然没有唐僧的淡定。这就是本性，这就是天性，这就是本心。别的做得再好，你依然是个"山寨"货。只有依自己的本心，做好自己，你才是独一无二的，才能焕发生命的光彩。

《西游记》中，菩萨的狮子下凡，杀了乌鸡国的国王，自己做了国王，三年里把国家治理得很好，风调雨顺，百姓安乐，可是即使如此，它依然活得不好，不自在，不快乐。因为它知道自己是假的，还杀了原来的国王，整天提心吊胆，小心翼翼，生怕被国人、王后发现破绽，认出它来。直到孙悟空来，查出事情缘由，救活原国王，它才算解脱。虽然看似它是被孙悟空他们打败的，事实上，对它来说这是解脱。无论过去三年它做国王做得多好，那都不是它自己，它只是在压抑地做着别人。只有此时开始，它才可以做自己。它可以以自己的本心活着了。即使会受到菩萨的管教和约束，那都是它自己。

每个人都一样，无论做别人如何风光，你都很难轻松、快乐、自在。只有开始做自己，你才是一个身心合一的人，你才是真实地活着，你的灵魂、你的内心，才能感受到活着的美好，也才能真正享受这美好生活。

07. 让自己好，让他人好

　　坚持做自己，尊重我们的本心，这是让我们变得更好的重要基础。然而，任何事物都不是单一的，都有两面性。我们坚持做自己，坚持本心，也意味着不要太执着于我们的本心。要知道，世间万物皆有阴阳两面，我们每个人的本心有极好的、利于发挥我们的天赋，让我们的生命焕发光彩，让我们活得更快乐的一面，同时也有让我们无法无天、误入歧途、阴暗的一面。

　　凡事皆有度，即使再重要、再好的东西，也不能过度，否则，物极必反。水对每个生命来说都极为重要，但一个人如果过度饮水，也一样会出现水"中毒"。阳光极为重要，但若过度，也会被晒伤。所以，要懂得把握好做自己的度。

　　我们说要做自己，并不是不顾他人感受，而是以自己的本心兼顾他人、兼顾周围，如此做自己，才是真实的，才是可行的。我们的本心才是有益的、正向的、光明的。如此做自己，如此坚持自己的本心，方能有好的结果和归宿。

　　孙悟空的本心之一，就是做一个受人尊重、被人称赞、能掌控局面、以本事立身者。对此本心，他有两条路，第一条，就是《西游记》开头的大闹天宫。在这一过程中，他坚持完全地做自己，完全地按自己的本心来做事、来行动，不顾他人、外界，唯我为是。结果是什么？落了个"妖猴"的身份，被佛祖压在五行山下，失去自由 500 年。

　　第二条，是保护唐僧去西天取经。这个过程中，起初他还是想只顾自己，想怎么办就怎么办，不久就被菩萨套上了紧箍。从此，他无法我行我素，但他依然能够做自己，不过，在做自己的同时，必须要照顾唐僧、八戒、沙僧以及其他天神，包括佛祖、菩萨的利益和感受，甚至还要照顾到普通民众的利益。然而，也就是在这样看似受限的、坚持本心做自己的过程中，他才能够真正以自己的实力活出自己，证明自己，让自己的生命焕发正向光彩。在这种状况下，他打杀一个妖怪，解救一方百姓，造福一国民众，皆成为自我实现、自我成就的重要成绩。也正是通过这"受限的坚持本心做自己"的取经过程，他实现了从妖到神的转变。

从某种意义上来说，孙悟空自从戴上紧箍，有了紧箍咒的约束，才真正有了从妖到神的转变可能。而在这一过程之中，最重要的依然是孙悟空的坚持本心、坚持做自己。假如孙悟空被唐僧解救出来，但不敢做自己，自然无法实现保护唐僧取经的大业，自己的生命也将没有出路。试想，取经路上无数磨难，若孙悟空不做自己，丢失了自己的本心，遇到困难、妖魔时，少了一些勇敢、少了一些好胜心，少了一些不服输的劲头，可能唐僧早就被妖怪吃了，取经大业也早就失败了。

所以，对于孙悟空成功实现从无自由的"妖猴"，到"斗战圣佛"的转变来说，最重要的，首先是他坚持自己的本心，坚持做自己；其次是不仅执着于做自己，而是同时兼顾他人，兼顾外界。有了这两点，孙悟空才能真正地做自己，也才能真正地实现他自己的价值，成就自己"斗战圣佛"的"正果"。

我们每个人也是一样，坚持本心，做自己，不是让我们只顾自己，不顾他人和外界。只有我们把自己的本心、自己这个真实的人放在真实的人群之中，真实地身处环境之中，坚持本心，做自己，并照顾他人、外界利益，我们做自己的本心才能真正实现。我们才能真正让自己的生命绽放光彩。

08. 阴阳互生，婚姻幸福

很多时候，我们对自己的家人、爱人说："你能不能不要那么烦，让我做自己吧！你不知道，跟你在一起，我很累，我无法做我自己！很多事情，你都不听我的，这让我很难受，你就不能照顾我的感受吗？你怎么就不能理解我呢？"

在这样固执地做自己的过程中，夫妻、家人会越走越远。回家变成一件累人的事，家成为一个让人压抑的地方。

然而，夫妻双方可曾想过，婚姻意味着什么？婚姻首先就意味着，拿你的一半和我的一半组成一个家庭，共同生活，需要慢慢放下各自剩下的另一半。只有如此，夫妻关系才能和谐。如果你跟一个人组成了家庭，走入婚姻，你还依然坚持要做自己，那你结婚就是找罪受，或者让一个喜欢你的人受你的罪。这是多么不明智和残忍的事！

事实上，对于每一个人来说，唯有我们找对一个人，与他或她进入婚姻，组建家庭，并在这过程中学会和谐相处，我们的生命才能完整，我们才能真正实现自己，让自己的生命发光。因为从某种意义上来说，婚姻中的双方都是彼此的镜子，通过这个镜子，我们看见自己，找回自己，修正自己，实现自己，成就自己。

一个婚姻很糟糕的人，无论在其他方面多么有成就，他的生命都很难焕发幸福美好的光芒。因为，婚姻关系不好，往往意味着他没有学会正确地做自己。

就如在《西游记》取经团队之中，如果孙悟空一直无法让唐僧信任他，猪八戒永远都在背后说孙悟空的坏话，陷害孙悟空，那说明孙悟空还没学会很好地做自己。因为，如果没有唐僧的信任，他便无法好好发挥自己斩妖除魔的能力，便无法完成保护唐僧的重任，实现取经大业；如果猪八戒总与他不和，那他每次做任务都将受阻。

还好我们看到，在起初确实存在这些问题，但随着孙悟空的一次次努力和自我调整，唐僧对他信任有加，猪八戒、沙僧对他尊重、佩服；猪八戒在重要的时候，也不再说孙悟空的坏话，开始帮助孙悟空。当孙悟空完成这个转变时，他们离灵山已经不远了。

婚姻也是如此，夫妻双方要做自己，但同时要懂得照顾对方，帮助对方做好自己。在婚姻中，双方做好自己的一个重要标准就是，你帮助对方越变越好，帮助对方好好做他自己，实现他自己，同时，你也因为对方而变得更好。

世间的事物就是如此奇妙。我们说的是坚持本心，做自己，最终却发现，实现途径却是帮助他人做好自己，实现自己。我们说自己，其实是说别人；我们说别人，其实是说自己。这就是阴阳，阴中有阳，阳中有阴，阴育阳，阳助阴，阴阳互动，阴阳和合，便是真境。

我们的身体也是一样的，当我们要健胃的时候，就意味着理脾，脾胃者，脾为阴，胃为阳，相当于一对夫妻，脾喜燥恶湿，胃喜润恶燥。这样一对看似矛盾体却组成了一个阴阳系统。正是这样一种关系成就了我们身体的后天之本，它们共同协作，实现身体消化吸收、营养运化的重要任务。如果只强调其中一方，例如只强化胃功能，最终的结果就是脾受伤，整个消化吸收功能受到影响，无论你的胃有多强，脾如果不行，也无法完成完全消化吸收转化营养的任务；反之亦然。

从中医的角度来看，但凡一个人的健康出现问题，不外乎阴阳、表里、虚实、寒热之变，也就是身体内部的能量平衡被打破，出了问题，解决问题，也就是设法恢复身体能量的平衡。

其中，阴阳平衡是身体健康的基础，而解决阴阳问题，一条重要原则，也是无数实践验证有效的原则，那就是，独阴不生，独阳不长，阴阳离决，性命乃绝，阴阳和合，病安从来。善补阴者，必阳中取阴；善补阳者，必阴中取阳。

在中医实践中，遇到阴阳问题，也是治阴，用阳药，必同时佐以阴药；用阴药，必同时佐以阳药，否则可能原来的问题还没调理好，新问题又出现了。

这就好比一个妻子出现心理问题，你帮助她解决问题，如果仅仅只是从妻子这里解决，往往无法彻底处理好。因为夫妻中任何一方出现问题，都是一个巴掌拍不响，都是双方共同形成的，只不过是主要和次要的问题罢了。

也就是说，任何问题的出现都有内因和外因，这是一体两面。只有同时从两个方面着手，方能很好地解决。

其实，如果看明白了这些，你就会发现，世间万物，很多东西都是相通的，道理都是一样的，只不过角度不同、层面不同罢了。

我们一直在说如何更好地尊重自己的本心，做自己，这也是阴阳关系，我们说做自己，事实上还包含让他人好，不损害他人利益，让外界好，不破坏外界，是我们与他人的阴阳关系，是我们与外界的阴阳关系，是我们的感性与理性的阴阳关系，只有处理好了这些阴阳关系，我们方能真正地做好自己，更好地尊重自己的本心，不迷失自己。

总之，婚姻之中，不是说双方谁最好，而是双方都好，只有如此，这个婚姻才是幸福美满的，这个家庭才是和谐的，而家和万事方能兴旺。没有妻子的好，丈夫无法真的好，没有丈夫的好，妻子无法真正的好。

09. 阴阳平衡，成事顺随

随着生命体验越来越丰富，我们会慢慢懂得，世间一切都永远处于变动之中，从没有一劳永逸的事。变化是这个世界永恒的规律，而不断调整自己，调整自己与他人、与外界的关系，使其尽量处于平衡、和谐状态，这是不变的努力方向。生命不息，旨在平衡的努力不止。

从某种意义上说，生命之路就如走钢丝，出生以后，我们为了自己能好好活着，就要不断地调整自己，平衡自己与外界的关系，以便自己能很好地活着。只要我们一不留心，就会失去平衡，磕碰、打击、受伤、挫折常至。

刚刚出生之后，我们懂得调整自己，以哭闹来获得大人的帮助，我们知道，自己要吃得好、穿得暖、得到保护，就得调整自己的哭闹、笑声等，平衡自己与外界的关系，如此才能很好地做自己，成长起来。

然而，长大之后，我们可能迷失自己，一味地调整自己，迎合外界；或者只顾自己、我行我素，而忘记了调整自己与外界的关系平衡。这两者都是两种极端，物极必反，一味迎合外界，最终不但迷失自己，还会失去外界的支持；一味只顾自己、我行我素，却也可能失去外界的支持，孤立无助，失去做好自己的可能。这还是宇宙万物之规律：阴阳平衡，万物乃治，阴阳和合，万事顺随。

婴幼儿最让人喜爱的，就是他们的眼睛，明亮、澄澈，这全因孩子的内心对外界是无分辨的，心无分别，自无挂碍，无忌惮，由一颗无善无恶、无好无坏、无限澄明的心看过来的眼睛，自是无比让人温暖、舒畅。这其实也就是无我的心，无我、无分别之眼。所以，这样的眼睛看着我们，我们看到这样的眼睛，自是内心生出慈悲、和善来。

　　当然，婴幼儿的这一切都是自然的表现，天性使然。也就是这样的纯真，却获得最多的呵护和关爱，让他们更好地成长到自己最好的状态。

　　婴幼儿没有自我的分辨，没有执着于自己，以这样的澄澈之心面对外界，与外界沟通，最终结果是其乐融融。

　　当我们长大了，心就复杂了，执着于自己，执着于某人、某物、某事，以这样的心与外界沟通，自然得到更多的防备、阻挠、障碍。我们慢慢淡忘了，我们要做好自己，必须建立在自己与外界关系和谐的基础之上。我们过于执着的东西，都将成为阻碍我们做好自己的绊脚石。

　　所以，要做好自己，就必须学会不断调整自己，调整自己与外界、与他人，理性与感性的关系平衡。而这一过程将伴随我们一生。就如我们走在钢丝上，每一步前行，都必须努力取得平衡，在保持平衡中，我们才能一步步向前，做好自己。否则，将失去自己，失去世界。

　　每一个婴幼儿都知道，每次饿了、冷了、不舒服了，就得哭，才能获得大人的帮助和呵护。从没有哪一个婴幼儿哭一次就能解决以后所有问题。说起来你可能感觉可笑——这是显而易见的事，还用得着说吗？

　　可是，长大后我们却总会为了做好自己而忘记了这一点。我们有家，却讨厌经常打扫卫生；我们安装了一个厨房，却怕烧饭弄脏了厨房，而情愿不在家烧饭；我们想健康，想要好身材，好体质，却讨厌每天健康饮食的麻烦，怕每天运动，还要早起等。于是，我们看到网上最流行的一种信息，就是那种"一劳永逸"的解决方法。明智的人都知道是糊弄人的，可是依然有无数的人相信。

　　我们都笑话那个因噎废食的人，可是我们却总存着同样的心，做着同样的事。我们要好的生活，要做更好的自己，却又怕每天努力的麻烦。不愿接纳这个事实，总期望着一劳永逸。例如，我们想身体健康，坚持了一段时间的健康饮食后，发现太麻烦，就放弃了，因为我们发现问题总会出现，坚持调理，没完没了，太麻烦。

　　在笔者帮助调理身体的人之中，这样的人大有人在。他们坚持调理了一段时间，发现身体好多了，就开始我行我素，可不久又出现了问题，他们开始怀疑调理的效果。他们以为，即使调理好了，就不应该再出问题才对。可是，他们忘记了事物永远都在变化。

要知道，我们的身体总容易出某类问题，有某种偏向，那是因为我们身体的脏腑平衡关系有某种偏向。调好了脏腑平衡关系，问题消失了，但若生活、饮食方式又回到从前，脏腑关系自然慢慢还会出现失衡。

这就如同开车，即使在直路上，也得不断调整方向盘，左一点、右一点，没有谁可以一劳永逸地调好方向盘，走到底。这就是事物总在变化的道理。你现在调整好了方向，并不表示过会儿这个方向就是正确的，所以，需要在变化之中不断地调整方向，车才能好好地开在路上。

一位朋友和笔者聊天时说，自己很喜欢把家里弄得干净舒适，可是每次弄好，都被丈夫搞得一团糟；她们家装修了一个很漂亮的厨房，但却很少在家烧饭，因为烧饭会弄脏厨房，要是出问题了，弄起来很麻烦，要是坏了，整个都得换。他们家有几个漂亮的柜子，购置了一些装饰品摆在上面，非常好看，那是家里很别致的一角，可是每次打扫卫生，擦拭那些东西却是一件麻烦事，于是他们把那柜子关了起来，不让灰尘沾染，免却擦拭的麻烦。

我问她："你觉得每天吃饭、吃三次饭，是一件麻烦的事吗？需要省了这麻烦吗？"

她说："吃饭是必需的，不吃饿啊，不吃没能量，这没法省啊！"

我说："对啊，吃饭如此，生活也是如此。我们不因麻烦而不吃饭，也不应以麻烦为由，省略了好生活。你那住所装修那么好、收拾那么干净，不就是为了生活舒适吗？你不能因为收拾了还会脏，就不再收拾，这就好比你因麻烦而省略了舒适生活！你装修一个漂亮的厨房是为了什么？也是为了好生活啊？不只是为了看吧？只有这个厨房带给你们美好、幸福的饭食，它才是真的有价值，否则，它再干净，有什么意义呢？若你的一个好厨房只换来你们无法在家好好吃饭，要它何用？你那别致的柜子及上面摆放的各种艺术品，初衷不就是想让家里别致一些吗？如今你因为它会落灰尘，擦拭麻烦，而把它们关起来，那么何必当初呢？它们存在的意义呢？"

其实，生活中的一切都如吃饭一样，吃了还是会饿，但我们却不能因怕麻烦而不再吃，或者一次吃个够。生命中所有的一切，都需要我们不断地努力保持，努力维护，努力成长，努力向上。我们追求美好的生活，若因噎废食，那不是太可笑了吗？这就如我们想要白天，就必须学会好好度过黑夜，我们要治病，就得吃苦口的良药。这就是阴阳！世间万物，有好就有坏，有美就有丑，一个事物有多好，同时就有多不好，这是一体的阴阳两面。我们必须懂得接纳美好的同时，接纳、不抗拒不好的一面，如此，方是真实生活。

想想看，我们生活中的太多烦恼，不是皆因此而起吗？

我们喜欢一个人，与之结为连理，随着时间的推移，慢慢开始出现诸多矛盾和不愉快，大多都是因为我们由刚开始只看到对方身上自己喜欢的，转为看到对方身上我们不喜欢的，并且试图拒绝，甚至试图改变、控制。若我们能明白，这世间万物中有我们喜欢的，也必有我们不喜欢的，这是事物总有两面、阴阳一体的表现。由此，懂得喜欢对方的好，接纳对方身上我们不大喜欢的，这般方能和谐共处，情谊绵长，携手一生，彼此共生，彼此扶持，获得幸福人生。

例如，孙悟空要想从五行山下出来，重获自由，好好做自己，就必须得接纳唐僧这个"无能"、"胆小"、"软弱"凡人作为自己的师父，保护他西天取经。孙悟空要的自由、做自己是阴，保护唐僧西天取经是阳，没有孙悟空追求自由、脱离苦难的追求，就没有唐僧取经的成功，而没有唐僧取经需要保护，也就没有孙悟空得到解脱的机会。这就是事物的两面，孙悟空要做自己，就必须同时接纳做自己的另一面。

从另一个角度来说，只有孙悟空帮助师徒团队完成取经大业，他方能有好好做自己的可能，而要实现好好做自己，他就必须得接纳"软弱、无能"的唐僧，好吃懒做的猪八戒，老实木讷的沙僧，只知走路、从不参与的白龙马，接纳他们，与他们同心协作，方能完成取经大业，实现自己。其中，师徒5人也可以看作是在做自己，需要自我修炼和接纳自己的多面：刚强的一面，软弱的一面，世俗的一面，冷漠的一面，朴实的一面。只有每个人学会接纳和提升自己的这些方面，方能真正实现做好自己。唐僧与悟空做得最好，所以他们皆成佛，而猪八戒做得差，只能成为一个使者。

对于我们每个人来说也是一样，我们要好好做自己，就得学会接纳自己身上的软弱怕事、世俗欲望、好胜冲动、消极冷漠、被动老实，接纳的同时，不断改善它们。如此，方得成长，让自己越来越好。

　　另外，我们要好好做自己，也得学会接纳身边各类人，与他们和谐共处，学会接纳外界，懂得在得失之间取得平衡，如此方能更好地做自己。还是那句话：没有他人的好，就没有自己的好；没有外界的好，就没有我们的好。

　　总言之，无论是从大处说阴阳之一体两面，还是从细处说木火土金水之"五行"，重要的都不过是"平衡"二字，有阴阳之平衡、"五行"之平衡，就有治、有和谐；失阴阳、"五行"之平衡，就生乱、生恶邪。身体健康如是，夫妻、家庭关系如是，工作职场如是，事业发展如是，做好自己更如是。

10. 付出收获，没有幸运

我们一直都在说做自己，而做自己最重要的一个目的，就是使我们自己变得更好的同时，让我们的生活获得改善，越来越幸福。这世间哪个人都希望自己的生活越来越好，其中一个突出的问题，就是付出与收获的问题。

很多时候，我们付出很多，但并不一定会得到我们所期望的收获，与此同时，我们常常看到，某人付出比我们少，收获却比我们多很多。于是，我们心中不免有一个疑问：付出与收获，到底有着怎样的关系？既然付出并不一定与收获成正比，我们应该如何看待，如何去努力改善我们的生活呢？

记得有这样一个故事：上帝管理着努力银行，每一个人都在上帝的努力银行中拥有一个账户，每天的努力都被存入这家银行。有的人存了一天就取了，有的人存了几个月就取了，而有些人则存了很多年，上帝给这些存得最多的人分配了高级会员账户，他们将获得更高的努力收益。更重要的是，每过 10 年，上帝会从这些高级会员中抽出一位，给予大奖。

这个故事告诉很多努力付出但收获甚微的人，不是你收获少，而是你的努力不够，不是努力就能获得大成功，是因为幸运。但事实是，很多人确实非常努力，甚至比那些有大成功的人还努力，但他们的收获依然看似甚少。太多人感受生活的现实，越往深处看，越让人灰心。

然而，真实的状况并非如此。如果按照上面这个故事的逻辑，付出与收获是不成正比的，它与宇宙中能量守恒定律不相符。

现代物理学已经验证，宇宙中的一切存在都是一种能量形式，即通过能量的转换实现能量平衡，遵循着能量守恒的宇宙法则。这其中也包含我们的意念。除了有形的能量，还有无形的能量。例如，你打了一个人是一种能量，你内心怨恨一个人，也是一种能量，这些能量从你这里出去，必将有另一种能量与之对应，以达到能量平衡。

于是，现实中通常我们打了人，对方可能会打我们或者记恨我们，或者会通过其他方式"回报"我们。当然，还有另一种高级别的方式，那就是能量化解。如果我们人人都是以对抗的方式回应，那人与人之间就永无宁日，冲突不息，就如扰动的水面。而化解是指你向我发了一个能量，我把它吸收转化为另一种能量，而不是以相应能量冲击回去。

例如，你骂我："不知道你在说什么，尽是乱言，胡说八道！"我却想，这个人今天情绪不好，可能被领导骂了。另外，他听不懂我说的，是他的损失，若他能听懂，他的生活将少很多烦恼和痛苦，可惜啊，无缘人！于是，我的内心没有因被人骂而生出对抗回应型的能量——嗔恨。对方骂人的这个"损伤"性能量，到我这里就转化、消解掉了。

但无论何种形式，能量都始终是平衡的，也就是一个能量传过去，必有相应的能量回应，或者转换为其他形式的能量。

回到努力与收获的问题。事实上，若你能从能量层面去看就能看到，努力与付出是成正比的。我们之所以常看到付出努力得不到收获，是因为我们只看到有形的一面，只看到一维的层面，而没有看到无形的一面，多维的层面。

例如，一个人拿了一箱青枣，50元卖给他人；另一个人拿了一箱青枣分送给他人。这两种付出，表面看起来，第一个人收获了50元，第二个人没有收获。而事实上，他们同样都有收获。不同的是，第二个人的收获是无形的，他收获了善心及其带来的幸福感，还收获了他人对自己的感恩心。这种无形的收获，一时看起来是"空"的，但随着时间的积累，却能转化为其他形式的更大收获。例如，得到他赠送青枣的人中，有一个人记得他的好，后来介绍了一个好的发展机会给他。试想，一个好的发展机会和50元相比，哪个更有价值呢？

你可能还会说，那卖了50元的人，同样也有无形的收获啊！例如，他因为做成了买卖，同样收获快乐；他态度和善卖与他人，也获得了他人的好感。这确实不错，除了50元的收获之外，他同样还有一些无形的收获，但相比第二个人的无形收获，还是微不足道的。你卖了一样东西给他人和你无私地赠予他人，内心的感受是不同的；你真诚卖给他人一样东西和你真心送他人一样东西，他人对你的感受是有很大不同的。这也是为何我们总有"拿人手短，吃人嘴短"之说。这是因为，一个人接纳了他人的能量（事物、帮助等），自然会有想要回馈的心理感受，这回馈有的马上获得、有的则是后来获得。而一个人卖了东西给他人，则是交换，是平等的。所以，我们在付钱买东西时，理所当然，还常常挑三拣四。

另外，可能你会说："也不全是啊？生活中，有些人拿人家的，得到他人的馈赠，都认为理所当然，没有任何感恩之心。"这种人是少数，确实感觉自己应得，自然不感恩。我们不是常说这样的人吗？"感觉好像别人都欠他似的！"对啊，这就是问题所在。这类人内心感觉确实是自己付出多，他人就应该多给自己，多帮助自己。一来，这类人毕竟是少数，二来，这样的人心理不健全。一个不正常的人，当然不在我们的讨论范围之内。我们这里说的都是大多数正常人的状况。这世间永远没有什么百分百绝对的事物，也永远会有特例。而特例并非我们要讨论的内容。

其实，如果我们认真看这些所谓特殊的"不知感恩者"，也会同样看到能量平衡。想想看，若一个人心理不健全，总感觉他人欠自己的，不知感恩，看似他们白白占了便宜，接纳了他人的能量，却没有回馈，长此以往，这样的人也将损失更多能量，以达能量平衡。你想，多次不知感恩，帮助他们的人自然越来越少，他们同样因为自己的不知感恩，失去很多好机会。他们白白得到他人的能量，不知回馈，但随着时间的推移也会失去相应的能量。所以，从长期的、总体的情况来看，这类人的生命能量与他人之间也是平衡的。

从这个角度来说，你的所有付出都会有相应的回报，不同的只是你更看重眼前看得见的收获，还是暂时不可见的、长远的、更好的收获，或者你也可以兼顾这两者。

事实上，世间很多收获都不仅仅是因为你的某次付出，而往往是除了相应某方面的付出，还有生命各个层面的付出，综合促成了某一个收获。

因此我们常常发现，很多时候付出与回报是不成正比的，有的时候，你付出了5分，收获了1分；有的时候，你付出了3分，却收获了8分。这种现实背后的真相就是，我们当下的付出，与我们过去在生命各个领域里的作为，共同转化成为了一个收获。也就是说，我们当下付出了 3 分，再加上生命各种领域里的作为，才共同转化成了一个 8 分的收获。

这就好比我们在一个综艺节目上，看到某人表演一段武术，一下子火了起来，成为了大明星。我们不能因此说，他只是表演了一个节目就成了明星，这收获太大了，这人太幸运了！事实上，众所周知，每一个因优秀技艺一下子成名的人，背后都有着常人所不及的努力付出，他们数十年如一日，才有了今天的收获！而从这里我们能清楚看到，人生的得失成败，往往不在一时，而是要放到一生去看。

说到这里，我们不得不说一个常常出现的现象：同样都经过多年努力，拥有优秀技艺，他们的技艺水平可能差距不大，甚至有些人更优秀，然而却没有成功，这是为什么？这是付出与收获不成正比？或者说是运气？

其实，有这个疑惑，依然是我们的思维局限所致。生命是一个综合、多维度的呈现，遇到问题，我们若只从单一角度或者维度去看，往往无法完全了解真相、解开困惑。这就是所谓的"看山不是山，看山是山，看山不是山"，一个一叶障目的人，当然不见泰山，你的目光所及只是石头，怎么能看见山呢？当你开阔自己的视野，放眼环看，你看到了山；再进一步，开阔自己的视野，提升自己的智慧境界，你便能看到整个世界，甚至整个宇宙。或许，你只是身处山中，目之所见仅仅是一块山石，但你能由此了悟大道、洞悉宇宙，一叶而知秋，一沙而知世界！

当我们用一个人整个生命体系去看那些"运气"差的人，就会发现，原来，在过去的生命历程之中，他在自己的言行念方面积累了不少的负能量。而这些负能量最终会影响他的人生收获。无论我们看到他在某方面的技巧多么好，也无论过去的岁月里他多么努力。

在一部影片的预告片里，导演说起跟成龙合作的收获，说他发现了成龙长久以来受人尊重的秘密，他说，在拍片现场，成龙会照顾每一个人，很多事情上都是以身作则。他说到一个细节，国内很多拍片现场都为演员提供瓶装水，但成龙在自己的片场为所有人提供茶水，专门设有一个茶水间，还会根据拍片工作人数而准备凳子，每个人都能在拍片现场找到休息的凳子。

有一次在沙漠拍片，在架设机位的时候，他们正准备把地上的一些植物拔掉，以方便架设机器。成龙让他们换个没植物的地方架设，说这些植物长在沙漠已经很不容易了，你们不要把它们拔掉。

这样的细节很多很多，处处体现了成龙的爱心，或者说善意。而这些细节，都是成龙正能量的体现。当然可能有人会说出一些成龙身上不好的地方，但无论如何，这都无法影响成龙更多正向言行念积累更多的正能量。人无完人，一个人生命最终的状态，是看他整体生命体系中正能量的状态。

我们生命中的所有行为或者说付出，有些是给我们的生命加分的，有些却是减分的，有时收获多，有时收获少。

举个例子，公司中两个人做同样一件事——给全公司的员工组织一场活动，丰富员工的生活。第一次是甲做的，结果一般，第二次是乙做的，内容丰富，员工积极参与，反响热烈。而事实上，甲在这件事上的付出比乙多。

乙之所以比甲付出少而成果更好，是因为乙在公司总是与人为善，为人热情大方，经常与各部门同事交流，多以自己的能力帮助他人，人缘很好。于是，当大家听说他要组织一场活动时，很多同事都主动献计献策，帮助他，有的同事还主动出来表演节目。所以，他看似付出不太多，但活动办得却非常成功。也就是说，他当下付出了5分，加上原来各个方面的正向行为，得到了一个9分的成果。

相比之下，甲刚来公司没多久，与各部门同事还不熟，同时，他平时为人冷淡，不够热情，很多次同事有事想请他帮忙，他都找借口推开了。所以，虽然他比乙更有能力，多才多艺，为这个活动付出更多努力，但因为同事们对此缺乏积极性，最终结果差强人意。他当下付出了8分，却因为原来各个方面的负向行为减分，最终只能收获一个5分的成果。

事实上，如果你能从这个角度去看事情，就能懂得，一切发生都不是偶然的，也没有所谓的幸运。每一个收获背后总有一个综合的付出，这个收获的多少都不是偶然的，也没有幸运，它是我们当下的努力与生命中各领域行为的共同结果。

11. 生命能量，人生成败

在生活中，你可以看到，有些人极小心谨慎但还是出事了，有些人淡定从容却从未出过什么事。若看了这两个人生命历程中的所有行为，自然就会明白他们为何有如此不同的遭遇。

你再看看，有些人总是遇到害他、骗他的不良之人；有些人一生之中却都会遇到好人，那些乌七八糟的人从来与他无缘。这也不是幸运不幸运的问题，更不是偶然的问题，而是他们的生命状态不同，他们的生命能量不同。这就如一块磁铁自然吸引铁；一堆垃圾自然吸引肮脏的虫子；花儿自然吸引蜂蝶。你在生命中经常遇到什么、经常出现什么、经常发生什么，你的付出经常收获什么，这一切都不仅是由你那一刻的行为决定的，而是与你的整个生命能量状态共同决定的。

我们的生命能量状态是由什么决定的？是由我们平时的一言、一行、一念所决定。一个平时经常想着怎么占人便宜，怎么夺人的利益，怎么让自己利益最大化的人，他的所行所言皆给他人带来不悦，他的生命能量便是负的，所以，总是会有人与他争利，与他争锋，与他作对。

说到这里，不得不说一种人。这种人与人为善，却总没有好报，为什么？这类人一般有一个最大的问题，那就是：心中在对他人好的时候，总想着回报，为了回报、利益、某种目的而对他人好；或者在人前与人为善，内心却极不情愿，甚至事后抱怨连天。要知道，影响我们生命能量的，除了言行，还有念，若我们内心总是存着不好的念，不善的念，说再多善言，做再多善事，皆会因不善之念常有而化为虚伪，以至于生命能量减分不少。

科学家通过实验证明，人的内心之念，深刻影响着周围的世界。其中一个实验是这样的：

普林斯顿大学普林斯顿工程异常研究实验室前工程部部长雅恩及其同事，共同设计了一些实验，致力于意念对事物的影响研究计划。通过随机事件发生器来量化实验结果。

在实验中，随机事件发生器输出内容（电脑化的正面和反面图像）由正负脉冲随机交替频率控制，这种控制完全随机，根据概率法则，每一次出现正面还是反面的概率约为50%。受测者被请到显示屏幕前，分为三个阶段实验：第一阶段，受测者尝试用意念增加出现正面画面的次数；第二阶段，受测者尝试用意念增加出现反面画面的出现次数；第三阶段，受测者不做意念干涉，不影响机器。

在250万次以上的实验中，研究统计数据明确验证：人类的意念可以影响外界事物。这个实验的结果，后来被68位研究者重新独立验证。

这一实验及验证表示，人类的意念不仅能影响无生命的物质，还能影响有生命的生物。当然，这里所说的影响并不是绝对的、颠覆性的，而是有限的影响。你不要由此怀疑说："要是意念可以影响外界事物，那我整天想着钱，想着中大奖，为何没有什么作用？"就如阳光有益于健康，你严重感冒了，天天晒太阳，也无法晒好。但这并不表示晒太阳无益于健康吧？这种影响和改变是有限的，但长期积累这些影响，却可能产生巨大的变化。

例如，一个从来不想如何增加收入的人，和一个天天想着如何增加收入的人，他们的收获在短期内区别不大，但多年后差别巨大。但这并不是说，我们只要整天想着，想几年就能有好收获。没有相应的实践行动，你想得再好，改变也可能并不大。还可能因为你的懒惰，越来越差。因为影响生命能量的除了意念，还有言行，你的言行懒惰，这本就是负面的，它们积累下来的负能量，自然比你天天想着好事发生的正能量多。所以，只想不行动的人，从来都是越来越差。

这里说意念很重要，并不是说只要用意念就能让我们的生命能量好起来，而是说有好的意念，同时要有好的行为，好的言语举止，如此方能增加我们的生命正能量。要时刻懂得，念言行三者是生命能量的三位一体，缺一不可。

例如，一个内心有善念的人，却很少有善言、善行，有何意义？这样的人，他的生命能量会是好的吗？因此，只有我们念言行同步，三者相应，皆充满正能量，才是身心合一，真实不虚。否则，有念无言行，就是空想家；无念有言行，就是虚伪者。

我们都希望自己的努力能有好的回报，那么，我们除了当下在相应领域的努力之外，还要懂得在平时生活的点滴之中通过践行言行念的正向努力，改善自己的生命能量，从而为当下的努力加分。

生命是一个整体，是一个全方位、多维度的组合。真正幸福美好的人生，是在我们生命各个维度、角度、时空里存在正向正能量。若我们只是在生命的某个维度、角度、时空里很好，不管不顾维度、角度、时空，那么，整个生命体系就是失衡的，不完整的，畸形的，自然很难幸福和美。

在中国科协举办的第九期"科学家与媒体面对面重压下的青春"活动上，相关健康专家透露，目前城市白领亚健康比例达到76%，这还是2011年的数据，如今这个数据恐怕有升无降吧，为何会有这么多人活得问题重重？这就是生命能量失衡的表现。

很多人在工作时都是有言有行，但无心无念，所以言行上的努力在为他们加分，但心念上的压抑却在为他们减分，最终，收入增加了，生活条件改善了，但出现了心理问题、身体问题，没有幸福感，少有快乐，常生郁闷，焦虑不安。所以说，现代人看起来整体生活越来越好，但实际上内心却充满问题，整体生命质量并没有越来越好，幸福美满和谐。

要改善这些问题，我们就必须全方位努力提升生命正能量，而不仅仅局限于生命中的某个方面。明白了这些，回到付出努力与收获的问题上来，我们就会懂得，我们在某件事上努力付出，之所以收获与付出不成正比，不是因为幸运或不幸运，也不是命好或命不好，而是我们整个生命多维度、多角度、多时空里全方位的能量状态，影响了我们在某件事上的收获。

这就告诉我们，当我们在某件事上努力的时候，不要对收获多少太过执着。应该在努力做好当下某件事上的同时，放下对相应收获的执着，而多用心在生命各个维度，增加自己的生命正能量。

例如夫妻关系不和，你尝试努力改善，你努力了1个月，却效果甚微。这不是你努力没用，也不是无法改善，而是你这1个月所做的改善努力本有的收获，被过去长时间的不良言行念所影响，最终收获甚少。你要知道，你现在的努力正在减少过去的负面能量，当你的努力越多，对过去的负面能量消除得越多，最终，你在婚姻关系上的生命能量会转为正能量，进而加分，使夫妻关系越来越好。时刻懂得当下的努力付出，不是不报，只是时候未到。瓜熟自然蒂落，冬至自然水寒。

同时要懂得，虽然只是夫妻关系的问题，你的努力却不能仅局限于改善夫妻关系。要知道生命是一个整体，生活也是一个综合整体。除此之外，你也别忘记在生命的其他方面努力改善，如努力工作，教育好孩子，孝敬好父母，管理好健康等。我们的生活不是单一的，与其他各个方面相共生。我们的夫妻关系也不是单一的夫妻关系，还与生活、工作、父母、孩子等相共生。一荣共荣，一损俱损。好生活，好家庭，好婚姻，无论什么，都是以某方面为重点，以其他方面为助益，不可犯一叶障目的错误。

总之，我们要始终坚信，生命中每一份正向的努力付出，无论是否有直接收获，都将为我们的生命加分。只要我们坚持向自己生命更好的方向上努力，更好的、更大的收获，必将在适当的时机来到。时刻抱持此念，真实不虚。

12. 多维观照，因果玄机

很多人活得焦虑、烦恼、内心压抑，往往不是生活、工作多么不好，而往往是因为对于未来不可把控的反应。太多常识告诉我们，付出一定会有回报，但我们努力工作，却不一定有好回报；太多经典事件告诉我们，好人有好报，但无数事实却一次次出现好人遇恶报的事。我们看得越多，越发现生命的无常、莫测。于是，我们总感觉自己活在混乱的生命洪流之中，感觉我们无论做什么都可能遇到各种无法预料的可能，越来越感觉自己生活不确定。于是，这么多的不确定，生出太多混乱，内心太多混乱，自然永无宁日，烦恼、痛苦无限。

事实上，你应该明白：一件事情的发生，除了我们在对应方面的努力外，还受生命其他方面及过去言行念的影响。

例如，一个人过去很多年都心存善念，与人为善，你会发现，他现在很少会遭遇恶果，只要他在这件事和自己生活的各个方面都秉持正面的言行念。生命是一个全方位的过程，而不是某个时间点。不是说你现在做了多么大的正向努力，就一定能收获一个好结果。而是现在的努力与你整个生命历程中多方位能量状态共同作用，产生了一个结果。这就是事物的因果定律。

你的每一个言行念都会种下一个因，这个因必将在未来某个合适的时间出现一个果。有的果是独立出现的，有的果可能是伴随其他果一起出现的。你不要只从单一的某件事、某个方面、某个时间看这因果，而是要从生命整体多维去观照，自然能明白其中玄机。

再如，你想让家更舒适，除了现在收拾外，还要有过去坚持营造的好氛围及环境的努力。很多人周末努力做大扫除，却并不能真正收获一个舒适的家。因为没有过去的努力营造，就没有家庭舒适的能量场，没有保持和享用家庭舒适的家庭成员。而一个平时就坚持营造舒适家庭的人，可能周末不大扫除，也有一个舒适的家。所以，当你只着眼于"周末打扫舒适的家"这个有限的点时，就看到付出与收获不成正比：前一个人打扫了半天，还是感觉一般，但第二个人没有努力打扫，却有一个舒适的家。放长远、放开来看，就能明白其中的因果关系，就能看到付出与收获的真正平衡。

当然，即使如此放长远、放开来，也还是有局限。因为，一个人对于家的感受、如何持家，又与他们的父母有关系。而他们的父母又受其父母的影响等，无穷无尽。所以，由此你要看到，生命的广度是无限的。我们在有限时空里的收获，自然不可能因为有限的努力付出而百分百对应。但是，即使如此，因果关系却真实不二。

看到这一层面，当你努力了，却没有很理想的收获，不要灰心，不要抱怨，而是要意识到这次收获不好，是我们在生命各个维度、各个角度、过去做得不够好。所以，我们应当在自己生命的各个维度努力改善自己的生命能量；而当你努力付出了6分，却收获了一个10分的成果，不要骄傲，不要自满，而要心存感恩，知道这么好的收获并非仅仅是这次付出的直接结果，还有过去生命中多维度生命能量状态共同影响的结果。于是，更加努力让自己的生命能量全方位提升，同时懂得以余力帮助身边之人，让自己周围的世界更好。

一棵树长得好，不是因为今天下了场好雨，而是过去相当长的时间里，风调雨顺，更生长在好的环境中，有好的遗传，无天灾人祸等。任何一个结果，都是大时空、多维度、多角度共同积累而成。

要想让自己的生命越来越好，就要懂得从当下开始，在生命的各个方面积累正能量。不能仅仅只是在自己强烈要改善的某个方面努力，还要在其他各个方面努力改善。同时，你的好不仅仅是你一个人的好，还包括与你有关系的人的好；你的好不仅仅是你自己的好，还包括周围环境的好。所以，从多维层面共同努力让其越来越好，生命自然会美好无限。

总之，做好自己，不是单一的事，而是一个生命多维度、全方位越来越好的事。

13. 素位而行，安之乐之

"君子素其位而行，不愿乎其外。素富贵，行乎富贵；素贫贱，行乎贫贱；素夷狄，行乎夷狄，素患难，行乎患难。君子无入而不自得焉。"这是《中庸》里的一段话，意思是说，君子安于现在所处的地位去做应做的事，不生非分之想。处于富贵的状况，就做富贵人应做的事；处于贫贱的状况，就做贫贱人应做的事；处于边远地区，就做在边远地区应做的事；处于患难之中，就做在患难之中应做的事。君子无论处于什么情况都是安然自得的。这段话对我们积累自己的生命正能量，调节生命系统平衡，做好自己，极有助益。

一个优秀的人，一个希望不断积累自己生命正能量的人，必然"素其位而行"——总能活在当下，把现在的事情做好，把现在的生活过好，把现在身边的人照顾好。现在有几人能真正领悟并践行"素位而行"呢？相反，太多人都是为了未来而拼命向前，常常无视现在、略过当下，还往往美其名曰"当下不入地狱，未来何去天堂"！

不错，我们要活好自己，要实现更加美好的生活，让未来越来越好，当下努力是必不可少的，但这并不是说，我们要牺牲当下换取未来。要知道，我们永远无法经由没有喜悦的旅程而达到喜悦的终点。无论生活还是人生，无论做自己还是自我实现，都是一个过程而不是一个结果。生命中的种种皆是一种旅行，所谓旅行，就是从一个地方到另一个地方的行经历程，没有中间的美好过程，起点和终点就失去意义。

生命不过就是一个从生到死的过程。如果你的生命过程不美好，无论你的生命终点多么辉煌，你的生命也将是暗淡的。

"不愿乎其外。"这个"愿"就是愿望，也可理解为源泉、原点。这句话的启示意义在于：一个优秀的人，懂得活好自己，不羡慕他人。现代人大多与这五个字无缘。相反地，太多人都是"愿乎其外"，看着他人来活自己；比着他人的生活来生活；照着他人的婚姻来经营自己的婚姻，如此等等。在这样的状态下，多看到自己的不好，放大他人的好，最终迷失了自己，无法好好活出自己。就如一个整天四处游荡的浪子，居无定所，无处着落。无立根之地，如何开枝散叶，开花结果？一个人要活好自己，必须懂得把自己的"能量源"定在自己身上，生命以自己这个"源"为圆心，定好圆心，才能展开圆，有了小圆，才能拓展大圆。所以，优秀的人"不愿乎其外"，而愿乎自己。从自己开始，向外界展开。这是一种正常的生命状态。

"素富贵，行乎富贵；素贫贱，行乎贫贱；素患难，行乎患难。"这句话的启示意义在于：有了"不愿乎其外"的生命原点，事实上，也就是接纳自己，这是让内心定下来的重要一步。当我们能"愿乎其内"，接纳自己，好好做自己，才能找回对自己生命的自信，有了这种自信，我们便能"素富贵，行乎富贵；素贫贱，行乎贫贱；素患难，行乎患难"，处处安之乐之，安然生活。无论我们处在什么环境下，遇到什么事，遇到什么人，都能宠辱不惊，静看花开花落，顺逆无怨，素位安之乐之。

当处于富贵的境遇时，我们做个好的富贵者；当处于贫贱的境遇时，我们就积极乐观地做好一个普通人；当处于艰难困苦的境遇时，我们不惧不怕，不忧不馁，好好渡过困境。

"君子无入而不自得焉。"这句话的启示意义在于：一个优秀的人，无论在哪里，处在什么状况，都能安然自得。这是一种美好的生命姿态。每一个期望做好自己的人，都应该努力提升，修炼这种生命状态。

事实上，你会发现，每一个活好自己、活出自己色彩、活得自在、活得幸福的人，都懂得素位而行，他们重视的都是当下好的言行念，懂得时时多维度、全方位修养自己生命的正能量，而少执着于结果。因为不太看重结果，而重视过程，所以，总能积极、安然地活在当下，而不被不确定的结果所束缚。更重要的是，他们懂得，无论什么结果，都不过是一个个生命在各个时空、层面言行念所积累的自然形成而已。只要自己每时都以好的言行念行于世间，好的结果是必然的。即使有时遇到一些不顺、挫折，他们也懂得，那不过是暂时，更好的正在到来，他们知道自己一直是以美好的言行念在生命中行进。

14. 开阔心量，跳出情绪

　　一位朋友能力很强，做事认真，为人热情，深受大家喜爱。可是，他的好朋友知道，他并不像大家看起来那样轻松快乐，相反常常为一些小事烦恼。他是一个爱学习、坚持成长的人，所以，在他人面前可以做到不露声色，只有回家或者与好朋友聊天，他的内心世界才展现出来，他的情绪才得以表现。

　　例如，领导给另一个同事送了点东西，他的内心会有情绪，想着领导喜欢那个同事，不太喜欢自己了；开会的时候另一个同事坐在了自己的位置上，自己却只能坐到后边，内心有情绪；领导夸奖另一位同事，却没有评价自己，其实自己做得也很认真，很用心，于是内心有情绪了。如此种种小事，经常扰乱他的内心，让他经常生出情绪，影响工作和生活。甚至，有时他会因这些小事生出负面情绪，放大负面能量，认为领导偏袒那个同事，却不重视自己这个做事极认真、用心的老员工，生出怨恨来。有时还会生出工作做得没意思，被领导、同事刁难的感觉来。

　　他的好朋友知道，影响他情绪的每次都是这些事，而且从他的描述中也确实能感觉到领导、同事过分了。可是，若真正了解他工作实情就知道，他每次描述放大了不好的东西，带着负面情绪来描述那件事，自然所有事件都成了他负能量的证明。

　　后来，有次朋友相聚，听朋友说起他的状况，刚好他也在场，我告诉他，你总被这些小事困扰，能量都浪费在这里了，还有多少能量用到把工作做好？而且，你知道的，长久以来，你每次向好朋友控诉这些后是释放内心情绪了，但这些模式却一直重复，你也永远在这样的方式中循环，无法自拔。但是，你要知道，真正能让我们摆脱烦恼的，不是向他人诉说，而是提升自己的智慧，提升自己的眼界，开阔自己的心量。诉说，只能让你一时释放情绪，但并不能让你摆脱情绪。

事实上，你所烦恼的那些事，都不过是你只盯着那一点点看，看得太局限的结果。你只看到那一时领导对同事好，却忘记了领导平时经常对你好；你只看到那一时同事坐在领导边你的位置上，却忘记了领导有什么重要的事，都与你商议；你只看到那一时领导夸奖同事，却忘记了领导长期对你信任有加。同时，你要更全面地看问题，作为领导，他要照顾到所有员工，顾全大局，照顾到全体员工的感受，让大家更有积极性，利于团队协作，他不能只关注你一个人，只对你一个人好。

从另一个角度来看，领导一时夸奖那同事，也确实是因为人家做事情做得好，难道领导夸奖一个把事情做好的员工，还需要处处照顾你的感受？在其位谋其事，这没有任何问题。而那个同事把事情做好了，当然也期望获得领导的认可。其实，人性都是一样的，你希望获得领导的认可，那位同事也一样。

再从另一个层面来说，你与同事擅长的东西不同，领导夸奖那同事做得好的事，并非你的特长所在，你的价值也不需要在那样的事务上体现。当你看到这些，懂得做好自己该做的事，自然能发挥自己的价值。

再深入一层，事实上，你这些所谓的烦恼，所谓的职场困扰，什么领导对你不够好，同事不尊重你，都不过是你的感受，是你在负情绪之下的感受而已。真实的状况是，这些都是因为你内心不够自信所致。因为你内心不够自信，所以总怕自己得不到认可，总渴望得到他人的认可、肯定和重视。自信心不够，加上看问题过于局限，于是对于他人对自己的评价、他人对自己的反应过于敏感，风声鹤唳。一个人内心不自信，自然处处皆有烦恼。

由此想想看，这样的心境映射为烦恼处处的外界环境，当然无法"素位而行"，无法活好自己，无法让自己生命的光彩顺利绽放。

所以，一个人要想活好自己，就必须学会从多个层面、多个角度看人看事。能从中看到每一个事件的发生背后都有其必然性，从这个必然性中，我们看到自己需要调整和改善的地方。事实上，外界的每一个动向都是我们自己的映照，每一个人、事的出现，每一个发生，都反映了我们自己的能量状态、内心状态、情绪状态、智慧水平及在过去的时间里言行念方面的修行水平。

15. 改变能量，转换命运

　　没有什么发生是偶然的，没有什么发生是不公平的，一切皆是耕耘与收获的呈现。只不过有些播种、耕耘是我们有意的、欢喜的，有些播种、耕耘是我们无意的、不愿意的，但无论是有意的、欢喜的，还是无意的、不自愿的，最终都会在适当的时候开花结果。于是，在现实生活中，就表现为有些发生是我们喜欢的，有些发生是我们不喜欢的。可是，我们敏感的往往是结果，却忘记了一切发生都是有因有果。面对一个好的发生，只顾着欢喜、只感受到自己幸运；面对一个不喜欢的发生，只顾着怨恨、只想到不公平，却不曾想到，没有什么是幸运的，没有什么是不公平的，一切都是我们生命能量状态的体现，是我们言行念修行、耕耘的结果。

　　假如领导给你涨工资了，那不是你幸运，而是在过去的时间里，你工作认真、积极，表现优异。而假若大多数人都拿奖金了，少数人没有，你是其中之一，这不是不公平，也不是你运气差，而是因为你工作做得不够好，表现不够好，你整个生命的能量场中负能量过多。这件事的发生，是提醒你要在自己的言行念各个方面加以调整和改善。否则，更不好的发生必将接踵而至。因为你若不改善你的言行念，你生命中的每一刻就是不断播种不好的因，而这些因，必然随着时间的推移一个个地在你今后的生命岁月里开花结果——不好的发生越来越多。若你不及时采取措施，可能有一天，你的生命里全是这些负能量的发生，一个接着一个，让你应接不暇、筋疲力尽。

　　我们的生命就是一场播种，我们每时每刻的言行念就是不断地播种和耕耘。很多的发生、很多的结果，不只是我们种下了一粒种子那么简单。播下一粒种子后，还要不断浇灌，才能发芽、成长。而它要茁壮长大，开花结果，还需要合适的外部环境。

你此时种下一个好的种子，未来就可能提升自己的收入，改善自己和家人的生活，同时你每天也在努力工作。但是，你在什么土壤里播种，即在什么环境中工作，天气是否适合生长，遇见什么人、遇见什么事、大环境如何？这些都将影响你的播种和耕耘是否能发芽、茁壮成长，开花结果。若你换了一个又一个不景气的工作单位，无论你如何工作，都很难提升收入？若你遇见的老板都是恶劣的、一毛不拔者，也没有机会，与此同时，你遇见的同事也往往刁钻奸猾，你的成长机会又在哪里？君不见，现实中有些人确实换了一个又一个单位，每一个单位的同事都难相处。而有些人则不同，他们在好的企业工作，与自己相处的同事优秀而谦和，在这样的单位中，他们一步步努力，修持好的言行念，很容易获得提升和成长。

生命总是会有无限可能，会有各种不同，对此，很多人一言以蔽之为"不公平，命不好"。是啊，一棵小草如何努力都无法长成参天大树。可是，换一个生命层面来看，你可想过，同样是生命，为何你的生命状态是小草，而不是大树？小草也就罢了，偏偏你是旱地里的小草，而不是河边的小草。这是多么不公平啊！上天既然让你做小草，可是为何却给你一个干旱、残酷的环境？

若你能深入了解，从更深层面来看，就懂得这一切都是生命能量状态的不同所致。量子物理学告诉我们，一切存在都是能量的表现形式。就如同样是 H_2O，有的 H_2O 是坚硬的冰，有的是温润的气，有的却是清凉的液态水。为何如此不同？因为它们的能量不同。当 H_2O 分子的热能量越来越少，就成了冰；当它的热能量一般，就成了液态水；当它的热能量再增加，就成了无形水汽。

说到这里，你可能会说，H_2O 成为什么状态是外部环境影响的结果，不是它自己决定的。是的，确实如此，有生命存在与无生命存在，最大的不同，就是有生命存在者有主动行为，而这些行为会改变其能量状态。

冰不能自行变热，但有生命的存在却可以。植物进行光合作用增加自己的能量；动物通过吃东西增加自己的能量。对于我们每个人来说，我们还有自己主动的言行念，这些主动的言行念同样可以改变我们的能量。于是，我们生命中每一刻的言行念，一点点改变着我们的生命能量。不过，这些言行念却不总是增加生命能量，有时候会减少生命正能量，如我们生了恶念、生了贪念、伤害了他人等。

我们所有这些言行念所积累的生命能量状态，最终决定我们处在什么环境、遇见什么人、遇见什么事、成为什么人。这就如 H_2O 的热能量低，决定了它成为冰，而它是冰又决定了它总是处在寒冷的环境中，周围也多是冰冷的东西。

所以，当你抱怨环境不如意、总是遇人不淑时，当你抱怨上天不公、命运不好时，请想想看，你自己的能量状态是如何的？这么多年来，你的每一个言行念是在增加自己的正能量还是负能量？

你追求健康均衡而美好的生活，但是检视你的生命历程，你有多少言行念是以美好的方式进行的？你努力想升职，可是检视你的职场经历，你有多少言行念是为公司着想的？有多少言行念是让领导、同事舒服的？你想拥有更健康的身体，可是你有多少言行念是有益于身体健康的？

因此，我们每个人身上发生、遇见的，都是我们生命能量状态的体现，都是我们生命经历中每一个言行念的积累体现。你要做好自己，就要通过当下的处境，去检视过去的言行念，然后在当下每一刻调整、改善、践行。正如一句话说的：要做一个快乐的人，你就要从当下开始像个快乐的人一样生活；要做一个有修养品位的人，你就要从当下开始如有修养、有品位的人那样生活。这就如一块冰要变成水，就要努力开始以水的状态去流动。冰如何流动？那就看它如何寻找方法获得能量了。若它这一点都找借口，那我们只能说它所有的梦想和追求都不过是空想。

当然，冰毕竟只是冰，它没有生命，无法自己去调整自己，去改变，去获得更多能量。但我们每个人有自主的言行念，通过每时每刻的言行念，我们不断改变着我们的生命能量，而这也是改变我们生命状态的方式。

16. 心之能量，你的样子

我们一直在谈如何做好自己。那么，什么是自己？你自己是什么？而这又是被什么影响和决定的？是什么让你成为现在的样子？是什么让你养成现在的习性？

你可能会说出很多来，但我要说的是，我们的心让我们成为现在的样子，我们的心让我们养成现在的习性，心是我们自己，我们自己是我们的心。你有一颗怎样的心，你就会成为什么样的人。

那么，心又是什么？心是一种能量，是我们生命的能量。这种能量如水一样纯净，可以幻化万千，随物成形。然而，随着我们长大，各种世事不断浸染，最终，我们的心失去了原有的纯净，成为现在的样子和状态。

正如水可以极小，也可以极大，可以容纳万千，也可以细雨如丝。我们的心也一样，可以大到容纳一切，也会小到针尖麦芒。在这个世界上，最远的距离是心距，最难改变的是心意，最难突破的是心牢，最难了解的是心思，最善变化的是心，最善伪装的是心……所以才有"万物随心转，心动万物摇"之说。

我们要做好自己，就要先检视一下，你有一颗什么样的心？心不移，万物难移，心不变，一切皆定，心不乱，万象井然。若你的生活是乱的，那一定是你的心乱了，心迷了。

刚出生的婴儿，心至纯至净，所以每一个孩子都有无限可能。然而，当他们生在不同家庭、不同环境，在不同父母、亲人的照顾和影响之下，便慢慢变成了相应的人。他们至纯至净的心被一点点染了，被一点点塑形了。于是，随着长大，那颗本拥有无限可能，能幻化一切的心被遮蔽了。

生在书香门第的孩子，他们的心被知识、艺术、文化所塑形，有了这样一颗心，让他们的生命成为与之相关的可能；生在贫困中的孩子，心被穷困、贫贱所塑形，他们的生命与之相应。可幸的是，现代社会的教育给了所有人改变的机会，通过学校，来自不同处境的每个人的心受到相同的塑形，有了更多更好的可能。

然而，那些成长环境对心灵的塑形，永远影响着我们每个人的一生。我们经常可以看到，现实生活中，有些人在某方面的特长，是其他人付出再多努力也无法超越的。

我们每个人刚来到这个世界上时，心都如一杯清水，随着成长，有的人心成了污水，有的人心成了墨水，有的人心成了茶水，有的人心成了饮料等。

在整个人生历程之中，我们要做好自己，首先就要修炼好自己的心。我们的心决定了我们的言行念，而这最终影响我们的生命能量状态，决定我们的人生。过去成长环境对我们心灵的束缚和污染以及多年来所形成的心灵污垢，都是我们做好自己，实现美好人生的巨大阻碍。

想想看，在你努力成长的路上，为何总有那么多的负面言行念产生，总会有那么多的惰性？还常常出现一些负面情绪，让你浪费精力，停滞不前？

任何时候，我们的任何行为都是先由心中的一个念而起，我们想到什么，才会说什么，做什么。有些时候，我们会主动修养自己的心，以便多生正念，导引好言，指引好行。然而，有些时候，我们的心却不受控制，莫名产生一些负面的东西，从而使我们做出不好的言行。若我们去了解，就会发现，那些很好地活出自己的人，那些活得幸福快乐的人，那些活出自己生命光彩的人，更多的时间里内心中充满正念，以致使他们有更多的正言、正行，最终帮助他们获得更多生命正能量，使自己的生命状态极佳。这也就是我们常说的，他们比我们普通人更积极、更乐观。

我们是否想过，是什么造成如此区别？命运？机遇？努力？毅力？性格？事实上，还是前面所说的：我们拥有什么样的心，就会成为什么样的人，我们心中充满什么能量，我们的生命就成为什么状态。

那么，为何我们心中的负能量比那些优秀的人多？说到能量，我们可能会想到汽油，要想让汽车有动力，就得给它加油。若你给它加了劣质油，它自然动力不足，你给它加错了油，它甚至会出问题。我们的心也需要能量，想想看，你给你的心充满了正能量，还是负能量？你每天给你的心加多少正能量，又加了多少负能量？

我们的身心是一种奇妙的系统，心的能量直接影响我们的行为，而反过来，我们的行为又影响着心之能量状态。例如，你看了一本正能量的好书，这个行为便帮助你增加了心的正能量，而心的正能量又反过来影响你，帮助你产生更多正念、正言、正行，这些正面的言行念又进一步增加心的正能量，这就是良性循环；反之亦是。

可能你要问了，我也产生过正念，想看书提升自己，可是，每次我看了没几页，就烦，看不下去了，这又是为何？其实，这是一个很好的问题。若我们只局限于这个问题本身去了解，自然很难明白。但若我们开阔自己的心界，让自己站得更高，从多维度、多层面去看这个问题，便能明白其中的道理。

想想看，看书是一个发生的事件，而每一个发生都是由我们整个生命能量状态影响的，也就是说，当你的生命整体能量状态不佳时，你生命中发生的事件往往很难有好的表现，即使你产生了一个"看书，提升自己"的正念，但接下来持续的发展却被你生命中的负能量影响，从而使你没有处在好的生命状态，最终没有收获更好的成果。

同时，从这个事件中，我们可以看到一些信息：首先，你能产生"看书，提升自己"的正念，说明你过去的一些言行念增加了自己的正能量，这个正能量在这时发挥了积极作用，让你产生了正念；而你不久就产生了"放弃看书，看书感觉烦"的负念，这表示，你在过去的言行念中积累了负能量。

所以，我们要懂得，生命中的每一个行为、每一个发生，都是环环相扣的，没有什么是独立存在的。因此，我们要改变，要给自己的心灵增加正能量，就需要有耐心，不断坚持在生命的整个时空、各种层面去采取更多的正面行为。不要管那些正在发生的不好的事件，不要试图去抗拒和阻止它们，没有人能阻止能量的冲击，越阻止，能量波浪的破坏力就越强。让它发生，让它过去，我们用一些精力去做一些必要的补救，而用更多的精力多做正面行为，以增加自己心灵的正能量。当我们心中的正能量多了，我们的生命正能量就会强大，自然我们会产生更多正念、正言、正行。

无论负能量多么有破坏力，它都是一种能量，当它影响了一些事件的发生，也就释放了能量。也就是说，从某个角度来说，每一个看似不好的发生，都是在帮助我们释放生命中的负能量。只要我们从当下开始，以更多的正面行为去增加心灵的正能量，自然，我们内心产生的正念会越来越多，我们也能越来越从容、喜悦地践行正言、正行，我们的生命由此会越来越好。

我们的心是生命能量的体现，也是一个生命能量的容器。在我们的生命历程之中，这个能量容器装的什么，我们的心就体现出相应的能量状态，相应的，我们就拥有一颗怎样的心，进而有怎样的言行念，并最终成为什么样的人。

17. 家庭环境，核心能量

从我们出生起，至独自面对社会，我们的心大多被父母、亲人、家庭填充能量，于是，有了"龙生龙，凤生凤，老鼠生下会打洞"，也正是这段生命历程，使我们大部分生命核心能量被定型，其中父母、家庭填充进来的能量，对我们一生的影响最大。很多人一生中出现许多困扰、魔障，大多是因那个时期填充进来的负能量，不断发酵，恶性循环所致。

例如，一个孩子，他的父母关系不好，经常争吵，甚至大打出手，他的父亲经常酗酒、整夜不归，他的母亲整天没有好情绪，抱怨不停，动不动就责骂他，而他的父亲，有时脾气来了，会打他……父母的这一系列行为，一点点在孩子心中填充了太多负面能量：坏情绪、压抑、委屈、愤怒、不安、恐惧、无助、冷漠、仇恨……在这样的家庭中长大的孩子，在未来独自面对自己的生活时，大多出现种种问题。如夫妻关系不和，暴力、酗酒、极端行为等。而所有这一切往往源于当初父母、家庭在他幼小心灵中所填充的那些负能量。

由于这些负能量是小时候填充的，所以，往往被埋藏于心灵最深处，很难被发觉和清理。这就是我们常说的深层潜意识，它们成为我们生命核心能量的一部分。这些负能量隐藏在我们生命最深的角落，不断发挥影响力，制造破坏。这就好比一个明处的炸弹，我们容易发现、处理或者躲避，但一个隐藏极好的地雷却极为麻烦，稍不留神，就会引爆。明处的危险，我们容易应对，但那些隐藏于暗处的危险，却最让人猝不及防。

也正因此，才有了"孟母三迁"，因为孟母深知，环境对孩子心灵核心能量的影响之大，也知道，孩提时代若在孩子心中填充太多不良的能量，将影响孩子未来整个生命成长的走向和品质。而且，孩提时代所填充的心灵能量，以后往往很难清理和改变。所以，即使孟母困难重重，也依然选择了"三迁"。她深知，自己家境不是太好，除了以自己朴实的生活、人生智慧教导孩子，给孩子填充心灵正能量外，还必须尽力为孩子选择和营造一个好的成长环境，孩子的心灵才能获得足够的正能量，从而茁壮成长。

看看现代的许多人，能力很强、工作优秀，但却活得不快乐，身在花中不知美，琼浆玉液不知味。有些人拥有很多，宝马香车，雅居娇妻，但却生出很多畸形的行为：赌博、吸毒、恶行……这是怎样的心灵能量失衡啊！他们本应生活无忧，幸福安乐，神仙自在，却在焦虑、烦恼、痛苦中煎熬，而造成这一切的，不过就是他们心灵深处，在生命核心能量中埋藏着的负能量。这些心灵深处埋藏的负能量，通过各种心灵负面感受体现出来，影响他们的言行念。有些看似极优秀的人，甚至无力自拔，选择了结束生命，可见，这些深层的负能量带给他们怎样的痛苦和折磨！在这世间，有什么能比死亡更让人恐惧？可是，这些人却宁愿选择死亡！

我们必须意识到，心灵能量对我们整个生命的影响巨大。事实上，我们要改变自己的命运，必须首先改善自己的心灵核心能量，尤其是那些小时候家庭环境不太好的人，心灵深处核心能量中往往都埋藏了很多负能量：焦虑、不安、恐惧、委屈、仇恨、压抑、自我否定、讨好他人、奴役、愤怒、失落、失控、挫败、气馁……他们必须学会看到这个事实，甚至通过不断地自我心灵能量疗愈，逐渐化解、消融这些心灵深处隐藏于核心能量中的负能量，否则，在漫长的人生之路上，他们将走得异常痛苦、艰辛和无力。虽然这个过程异常艰难且进度缓慢，但为了拥有更加幸福和谐的人生，这样的耐心、努力是值得和必需的。

如果你已为人父母，你的孩子尚小，请努力营造好的家庭氛围，用自己正能量的行为，做他们的榜样，要知道，和谐的家庭氛围，和谐的夫妻关系，作为父母的正能量言行念，将为孩子幼小纯净的心灵填充足够的心灵正能量核心基础，而这将是任何教育都无法弥补的。与其给孩子报更好的学校，更多的兴趣才艺班，不如从你们的夫妻关系、家庭氛围入手，这是对孩子最大的爱，也是最有价值的爱。这种方式才能真正给孩子带来幸福。

看看我们身边，有多少人踏入社会时，心灵尚不健全，心灵核心能量是失衡的，甚至一生都在痛苦的煎熬中度过。他们拼尽全力挣扎，用尽心思解脱，终是铩羽而归。究其缘由，皆是因为生命底层心灵核心能量中的负能量在作怪。俗语云"三岁看大，七岁看老"，可见此般。

一个人如果小时候心灵填充了过多的负能量，便注定了其一生要花很多很多精力和生命能力与自己"战斗"，花很多很多精力去修正自己。

虽然无论每个人小时候的成长环境怎样，幼小心灵的核心能量中填充了更多的正能量，还是负能量，他们都需在一生之中修正自己、改善自己，但是，那些小时候成长环境不佳，幼小心灵被填充了过多负能量的人，却要花比其他人多数倍的精力去修正和改善心灵能量状态。有的人甚至一生都没有完成。

例如，甲成长于健康和谐的家庭，乙成长于父母关系不和甚至离异的家庭。他们同时在一起工作，乙会工作得很辛苦、很累，而甲相对更轻松、自在。

一天，领导在 5 位同事（包括甲和乙）面前肯定其中一位的工作做得好，同时说："要是其他人都像你就好了，不像有些人，工作不努力，不用心，我看，再这样下去，我定得让他们走人！"就这一件小事情，甲和乙的状态会完全不同。甲会照常做好自己的事，依然轻松自在；而乙则焦虑不安，思前想后：领导是不是对我不满意了？领导那句话可能是在说我！那我可有危险了。我哪里做得不好了呢？还是哪个同事打我小报告了？我得罪哪个同事了？若我失去了这个工作该怎么办啊！就这样惶惶不可终日，吃不好，睡不好，工作更是如履薄冰。乙会花很多能量在内心的不安之上，因此，他在工作上的表现往往起伏较大。而事实上，领导说的那句话，并非针对他们 5 个人，相反，对他们 5 个人是很满意的。

那些小时候心灵核心层面被填充过多负能量的人，会活得更累。他们内心深处的负能量成为心灵的魔鬼，经常给他们制造麻烦，让他们总处于焦虑不安、恐惧的状态，却又让他们无法察觉，这些焦虑不安、恐惧来自哪里？于是，他们会花很多精力去应对自己内心制造的麻烦。而那些成长自健康和谐家庭的人则不会如此，他们活得更真实、更自在、更轻松，他们更容易活好自己，活出快乐和幸福。

这并不是说，那些成长环境不够好的人就没有出路，或者说就是上天的弃儿，就是天下的不幸者！而是说让我们看清，很多时候，在某些方面我们总是麻烦不断，活得很辛苦，并不是我们自己不好，并不是我们自己的错，而是我们生命能量失衡的结果。更重要的是，积极应对这些麻烦，往往是我们生命成长最好的台阶。我们需要做的是努力调整、改善，使其恢复平衡，而不是与自己较劲，与外界较劲，与生活较劲，折磨自己。

18. 积极面对，蜕变新生

当蛇知道自己一生要经历很多次痛苦的蜕皮，而这是生命蜕变的过程，就少了一些较劲。它知道，这是自己作为蛇的自然生命现象，只有通过一次次痛苦的蜕皮，才能成长。若它没有认识到这一点，就会不平，就会不安，每次蜕皮对它来说都将仅仅是折磨、痛苦、烦恼，而不是成长和新生的机会。

认清自己的自然实相，才有可能接纳进而成长。

当你看见自然实相，你就能懂得，这世间没有幸与不幸，只有正面应对还是负面应对的问题。当蛇能够正面应对蜕皮，蜕皮就成为上天给它们的恩赐——一次次新生的机会。反之，蜕皮就成为它生命中的一道道鬼门关。

对于那些小时候成长环境不佳的人，从表面看，他们的生命将因此而多遇许多魔障，身心遭遇更多烦恼、痛苦，但从更深的层面、更高的生命境界来看，这恰恰让他们的身心有机会受到更多磨炼。宝剑锋从磨砺出，梅花香自苦寒来。长夜漫漫，方知黎明之美；千难万险，方显英雄本色。当他们积极面对生命中的负能量和生命中的种种苦难，将帮助他们实现更优秀、更坚强、更博大、更自信、更智慧的自我成长和蜕变。反之，一切不顺、挫折和磨难，将成为把他们打到谷底、摧毁他们的推力。

孟子曰："天将降大任于斯人也，必先苦其心志，劳其筋骨，饿其体肤，空乏其身，行拂乱其所为，所以动心忍性，曾益其所不能。"若能悟到这一层面，生命将因此而与众不同，也将因此而发现生命的宝藏。

所有的问题都是成长的阶梯，所有的磨难都是坚强、刚柔、圆融、成熟和智慧的熔炉。透过问题，我们照见真相，透过他人，我们照见自己。也是在这样的历程之中，我们的生命得以成长，我们的心灵能量得以提升。然而，生命同时也是一个逆水行舟的过程，我们必须正面、积极地去面对每一个问题、每一个发生、每一个人，否则，将被打倒、被消耗、被伤害、被折磨，甚至被毁灭。

无论我们来自哪里，也无论是什么让我们变成这个样子和状态，只要我们积极、正面地面对，以正面的言行念去践行生命中的每一点滴，我们的生命将因此而不断成长、提升、蜕变，并且终获幸福和美。

19. 宽容慈悲，行深至善

上天会为每个人安排一位天使，给予相应的指引和帮助——那个总以微笑、善良、宽容、慈悲对待我们的人。可是，我们却往往执迷不悟，甚至经常以嗔、慢、疑对待。除非我们觉悟生命的真谛，透过生命经历照见自己，照见真相，从而保持对生命真相的觉察，否则，便辜负了上天的恩泽。

我们要活好自己，活出自己生命的光彩，就必须打开真心，拨开蒙蔽心灵的尘埃，看见那个以莫大宽容和慈悲对待我们的人，并且以感恩之心回应，如此方能穿过生命的迷途，获得成长的指引和力量。

那些爱你、关心你的父母、亲人、伴侣、孩子、朋友、师长等，皆是如此。他们出现在你的生命里，帮助你成长，帮助你完成生命的修炼，获得提升。

同时，那些阻止你、刁难你、打击你的人，也一样帮助你提升、修炼生命。那个人取笑你无知，让你难堪，于是你下决心、下功夫学习提升，才有了今天的渊博学识；那个人嘲笑你，你更加发奋，能力获得巨大提升，获得大家的尊重；那个完美主义的领导处处找你的错，你不得不处处小心，认真做好每一件事，于是改掉了丢三落四的毛病，越来越优秀；那个不声不响离你而去的人，让你懂得更加珍惜自己，努力让自己强大，也正因为那个人的离去，你才遇见了现在这个生命伴侣……从这个维度来看，我们生命中出现的每一个人，都是来帮助我们成长的天使。

再进一步，事实上，每一个出现在我们生命中的人，都让我们通过他们照见我们自己。从他人对我们的态度、方式，照见我们如何对待他人，照见我们的内心对他人存什么念，对外界存什么念。

在我们困难时，身边的人都不愿意帮助我们，那不是他人的错，也不是他人的问题，那表明我们自己从不真心帮助他人，表明我们心中全无他人，只想着自己；当我们身边的人都虚情假意，那表明，我们常常虚情假意对人……他人是我们的镜子，让我们看见真实的自己，这便是指引，指出我们身上的问题。

只是很多时候，我们往往因为内心负能量太多，以至于真心被蒙蔽，指善为恶，当爱为恨，此是莫大遗憾。然而，即使如此，那些我们生命中的天使依然不离不弃，不断给我们指引。不过，由于我们的执迷和愚昧，错过了一些成长的机会，并且无数次伤害了他们的真心。

对此，我们必须学会觉察，觉察生命中种种人事物，站在生命全局的高度去省视。你要每天给自己一些安静、独处的时间，在这些时间里，让你的心静下来后，当你的心静下来后，打开你的心量，放宽你的眼界、心界，跳出具体的人事，去看你生命的全局，此时，你将洞见生命的真相，拨开生命迷雾，看清自己，看清每一个人事物的缘由。当你看清了，便能活得明白，内心方能有善，有善方有喜悦，然后有慈悲——对自己，对他人，对外界，从而你的生命也将更出彩。

这就是儒家经典著作之一《大学》中所说的："大学之道，在明明德，在亲民，在止于至善。"意思是说，大学的道理，在于彰显人人本有、自身所具的光明德行，再推己及人，使人人都能去除污染而自新，而且精益求精，做到最完善的地步并且保持不变。这就是说，明明德，方能有善，内心有善，方能知止。而生命中，很多时候，尤其是负能量发出干扰的时候，更是需要知止，而此时的知止，近乎感恩和慈悲——对自己，对他人，对外界。

《大学》中还说："知止而后有定，定而后能静，静而后能安，安而后能虑，虑而后能得。"意思是说，能够知其所止，止于至善，然后意志才有定力；意志有了定力，然后心才能静下来，不会妄动；能做到心不妄动，然后才能随遇而安；才能处事精当思虑周详；能够思虑周详，才能得到至善的境界。这就是说，生命总有得，你方能活好自己，活出自己的生命光彩。

事实上，人生所有的烦恼痛苦皆始于"迷"，也就是不明道，不明德。因为不明白事物的根本规律，总处于迷惑状态，因为迷惑，所以，每每遇见人事，自是生出许多埋怨、指责、怨恨、不平来，心不平则鸣，鸣则生出许多恶言恶行来。这些负面的言行念又为生命制造更多负能量，昏昏然，永无尽时。

父母的一些唠叨，若你明道，便能觉察到这是父母表达爱的一种方式，由于你内心明白，所以，自然不会对此生出不满来，反而生出更多感恩心来。自然你今后会更加懂得知止——少做让父母担忧、不安、伤心的事，同时更加爱你的父母、亲人，这份感恩心，让你及你的家人更加温暖和乐，这就是对自己、对家人的慈悲。

反之，若你不明白，心处于迷惑状态，听到父母的唠叨，便生出反感，你的行为便不会有什么改善，反而更有可能不尊重父母，对父母缺少耐心。这些行为让你与家人之间的温暖、祥和越来越少，甚至产生伤害，终是为你及家人的生命增加负能量。本是一件"关爱"的事，最终却成为烦恼，甚至怨恨，一切皆因为"不明"。不明，我们就无法看见真相，无法看见真相，我们就成为负能量的傀儡，任由内心的负能量干扰、指使，生出更多的负面言行念来，甚至生出更多伤害、痛苦来。

一个家庭中，丈夫总是夜不归宿，若你"明道"，不迷，便能从中看出妻子自己的问题：丈夫不回家，说明有妻子在的这个家不够温暖，这个家庭并不及外面的混乱世界更让丈夫喜欢，更说明，丈夫在家无法放松，不自在，他在外鬼混都比在家放松自在……那么，丈夫夜不归宿，到底是谁的问题？

一个"明道"的妻子，自然对此不抓狂，不怨恨丈夫，不以痛苦、烦恼及大量负面情绪折磨家人。而是看到自己需要改善、提升、修炼的地方。一个"明道"的人，能从各种问题中看见自己的功课，看见成长的台阶，并且把心力用于改善这些问题。他们懂得，外界种种不过是自己内心种种的映射而已。他们懂得佛家"行深般若波罗蜜多时，照见五蕴皆空，度一切苦厄"的"行深"之道，只要自己切实践行正能量的言行念，以智慧、慈悲心、感恩心好好生活，自能看清真相，突破迷雾，破除各种魔障，渡过各种困境，进而达到幸福和谐之境。

通过"行深"智慧、正能量的言行念，懂得自己生命中的种种烦恼、痛苦、不顺、挫折、阻力，各种人事物皆是自己生命能量状态的表现。能看到这一层面，自是"君子，上不怨天，下不尤人，素富贵，行乎富贵，素贫贱，行乎贫贱，素夷狄，行乎夷狄，素患难，行乎患难。无往而不自在逍遥也"。懂得一切皆是自己生命能量状态的体现，一切皆是自然的发生，便能不悔过去，不惧当下，不忧未来，从容于当下，安之乐之，同时积极精进，不断提升自己生命的正能量。积善之家，必有余庆；积不善之家，必有余殃。如是知悉。

所以，生命是一个积累的过程，不是什么幸与不幸的问题，也不是上天公不公平的问题，也不是出身好与不好的问题。很多出身好的人不一定活得很美好，很多出身不太好的人也不一定活得不美好。最终一个人活得如何，是看其积累了更多的生命正能量，还是更多的生命负能量。

一个人表面上的"幸与不幸"，皆是一时的发生，而这个发生并非凭空出现或者突然出现，而是经过一段时间里生命能量积累所结出的果。量变到质变，我们往往极容易看到明显的质变，却忽视了重要的量变。量变是一个积累的过程，质变是一个过程的自然结果。生命也是如此，你希望自己的生命有变化，不是把重要精力用到这个结果之上，而是用到促成结果的积累过程之上。只要你积累了足够的生命能量，结果是自然而然的。没有先期耐心、努力、精进的能量积累，出现不了好的结果。

一根稻草压垮一匹骆驼，并非只需要一根稻草，而是需要前面无数根稻草的积累。更重要的是，你需要不断添加稻草，当积累了足够多的稻草，压垮一匹骆驼，就成了轻而易举的事——只需要添加一根稻草。

我们的生命历程也是如此，只要我们在生命历程的每一个点滴中，不断践行、行深正面的言行念，不断积累自己的生命正能量，那么，生命中那些美好的事，便会"轻而易举"地发生，你轻松地做了一件事，就有意想不到的收获降临。

而要洞悉这些，我们就必须学会摆脱具体人事物的束缚，在面对每一个发生、每一人事物时，不执着于人事物本身，而是跳出来，把自己放在生命全局的高度去省视。只有从这个层面去看每一个发生、每一个人事物，方能明白其中所蕴含的真实缘由和属于我们的生命成长功课。也能看到，我们的生命历程皆是由这一个个发生、一个个人事物所组成，它们一点点积累，成就了当下的我们，也成就了我们生命中的每一个发生、每一个遭遇。

当你感情总出问题，总是遇人不淑，若只从人事物本身来看，只能是越看越困惑，越看越烦恼、痛苦，你只能看到不公平、不顺利、命运差、自己倒霉，由此生出更多的负面情绪，增加更多的负能量，从而促成更多不顺发生于生命之中。而当你跳出事件本身，站在生命全局的高度来看这一发生，就能明白，之所以有这个不顺，是因为自己生命中负能量过多。总是遇见那些糟糕的人，除了预示着你生命中负能量过多之外，还表明在相当长的时间里，你在言行念方面对他人存在负面偏向。通过改善自己在言行念方面对待感情及他人的负面偏向，并且多在自己的生命之中积累相关的正能量，自能在合适的时机瓜熟蒂落，遇到一个适合自己的生命伴侣。

20. 起心动念，能量使然

当你对自己的生命有了觉察，便能深刻明白"一念之间，天堂地狱"的真正深意。很多时候，我们往往因为少了那一念，便陷入烦恼痛苦的深渊，生出很多祸患。说起来仅仅是一念，但就是这看似简单的一念，却极不简单。若一个人平时没有修炼觉察、观照的功夫，这一念的转变，往往远在天边。而对于一个经常保持自我觉察、时时观照的人来说，一念之间却变得容易起来，随着觉察、观照的功夫越深，一念之转变，往往越易如反掌，随心而至。

一念的差别有多大？有多小？有时候，这一念有天壤之别；有时候，这一念差别只在丝毫之间。在我们的生命历程之中，做好自己，好好做自己，就不得不体察一念差别。因为，我们人生中所遭遇的挫折、阻力、困苦，承受的许多痛苦烦恼，皆因一念之差。所谓"差之毫厘，谬以千里"，此之谓也。

周末清晨，丈夫正睡得香，妻子过来叫丈夫起床，丈夫答应着，却并没起床。半小时后，妻子看丈夫还没起床，气不打一处来："都什么时候了，还睡！睡睡睡！就知道睡！早饭都好了，还不起，难道你要我端到床上来，你是猪啊？你就睡吧，睡死算了！"

被妻子这样一骂，丈夫心中便动了念，而这一动念，决定了他们后来的很多事情：

其一，丈夫听到妻子大清早就这样骂，心想，我平时工作也够辛苦的，不就是周末睡个懒觉吗？你就这样大呼小叫的！还上纲上线了！骂起老子了！于是火冒三丈："我就睡，怎么了？老子工作辛苦，周末睡个觉，你也来烦，怎么找了你这么个婆娘！老子今天就睡，睡死是我的事，你吃你的去吧，吃死你!"妻子被这一骂，气急了，甩了门出去了。可因为情绪激动，过马路时不小心，被车撞了，进了医院。

其二，丈夫听到妻子大清早就这样骂，心想，老婆如此发火，看来我确实过了。我工作辛苦，人家工作也辛苦，这周末早起，照顾家人，做早饭。于是，笑着应道："马上起，马上起! 夫人批评的是! 夫人辛苦了，在下给您赔不是了!"说着，开玩笑地给妻子作个揖，"夫人请安坐，现在由在下来侍奉您用早餐!"妻子本是生气的，但经丈夫这般讨巧，自然也是气消怒散，喜笑颜开。一家人和乐地在一起吃早餐，以美好的心情和状态开始新一天的生活。

由此可见，一念之间，完全两种生活。前一种念，不但造成大家都不愉快，增加了彼此的怨恨，还使妻子受伤，伤心又伤身，还伤财。更可怕的是，这件事增加和强化了夫妻关系的负能量，为以后的矛盾埋下新的种子，形成了恶性循环。这样的念，让夫妻关系越来越差，夫妻生活越来越痛苦，彼此互相折磨。而第二种念，不但化解了妻子的负面情绪，还增进了夫妻的感情，同时从中照见自己需要改善的地方。这样的念，让夫妻关系越来越好，使这个家庭充满正能量。而充满正能量的家庭必然促成更多美好的事情发生，一家人和乐而幸福地生活。

一起心一动念，便决定了此后生命轨迹的不同。

可是，我们即使知道了起心动念会对生命产生巨大的影响，但遇到事情，依然无法控制自己起什么心，动什么念，那起心动念往往是无意识出现的。在遇到事的时候，起心动念是负面的或者正面的，这是由什么影响和决定的呢? 这是由你的生命能量状态决定的。

当你心中负能量过多，正能量不足，遇到一件事，那负面的念便自然地出现，指引你的言行，使你做出负面的行为来；而当你心中足够有正的能量，遇到一件事时，正面的念会自然出现，指引你的行为，使你做出正面的事。这一切都是自然发生，所以，我们往往难以察觉和控制。

这就如冬天积累足够多寒冷能量，到外面自然感觉冷，自然想多加衣服，裹紧一点再裹紧一点，自然缩手缩脚，自然想靠近温暖的火，自然要避风，想进入暖和的房间，自然想吃温热的东西。而水在这样的环境中，自然会结冰。而炎炎夏日，你自然想去凉爽的地方，不喜欢多穿衣服，自然想吹凉风，自然想到通风的室外，自然想吃凉的东西。

这一切都是自然发生，而控制这些自然行为的，是天气的能量状态。对于我们每个人也是一样。我们希望自己遇事能有更多正念，希望我们能有更多的正面言行念，去应对生活中的各种人事物，就必然要积累自己生命的正能量。只要自己生命的正能量足够充足，处处正念、正见、正言、正行，皆是自然的事。

所以，上面的例子中，同样面对妻子的责骂，丈夫产生两种念，这并非偶然，而是必然。生起正念、正见，采取正言、正行者，在平时的生活中，必是常常修炼自己的正能量。必然是在生活点滴之中践行正面的言行念。只有在这样的正能量积累基础之上，他才会在那一刻生出正见、正念，采取正言、正行，收获正果。反之，那个起负见、负念，采取负言、负行，造成恶果的人，也必是在平时的生活之中常常以负面的言行念，行于生活，从而积累了太多的负能量。

今日的发生，皆是昨日的积累；今日的果报，皆是过去的耕耘。有一句话说得不差："你的时间在哪里，你的心在哪里，你的收获就在哪里。"从生命能量的层面来说，也是如此，我们的时间在哪里，心在哪里，我们的生命能量就在哪里增减，我们的生命能量增减成什么状态，我们就成为什么样子，我们的生活就成为什么样。

看看我们如今的生活，我们的时间都用在哪里？都被什么所占据？我们的心又被什么所占据？放眼望去，一片低头景象，每个人都很忙碌，工作忙碌，生活忙碌，好不容易有了空闲时间却更忙碌，每个人忙着低头看手机，刷朋友圈，忙着关注别人，忙着关注各种奇闻轶事、各种危言耸听的言辞等，我们的心都被各种看似与己有关，事实上没有一点关系的信息所占据，我们似乎瞬间知晓天下事，但却离自己、离自己的心越来越远。我们给了外面的世界很多时间，不相干的人、不相干的事很多时间，却没有时间给自己的心灵。

静下来读一本书，越来越成为一件遥远的事，而同时，我们也被商家忽悠——有了移动终端设备，便可想看什么看什么，想学什么学什么。但事实上，我们从移动终端设备中获得的不过是更多的碎片信息，更多的人云亦云，更多的无知，因为我们没有给心灵时间，从而慢慢失去了思考的能力。一个人一旦失去了思考的能力，便从此失去了智慧分辨的能力，活在迷茫之中。岂不知，那些生产移动终端的优秀企业领导者，都保持阅读书籍的习惯。因为阅读，让他保持思考的能力，造就了他们的优秀。

　　阅读优秀书籍，是无数先圣、贤者反复告诫的生命成长的重要途径，也是提升每个人生命能量最有效的方式之一。尤其是那些经历数百年、数千年沉淀下来的经典，经常阅读它们，我们就有经常聆听往圣先哲教诲的机会。要知道，那些往圣先哲皆有着我们不可想象的正能量，经常聆听他们的教诲，我们将获得莫大的正能量提升！所谓近朱者赤，近墨者黑，近圣贤者智，自能度一切苦厄。

21. 坚持精进，渊博能量

日本江户时代中期有一位得道高僧，名叫白隐禅师，他是一位生活纯净的修行者，因此受到乡里居民的称颂，都认为他是个"可敬的圣者"。当时有一位将军，对禅宗智慧极感兴趣，一次，他大老远跑去向白隐禅师请教："大师，真的有天堂和地狱吗？""当然有！"白隐禅师回答。他又问："可是天堂在哪里？地狱又在哪里呢？"他正期望着白隐禅师的回答，却不想白隐禅师打量了他，问："你是什么人？""我是个武将。"他回答，白隐禅师摇摇头说："你这个愚蠢的村夫，问出这种白痴的问题，也配做武将？你从哪里来，就回到哪里去吧！"

将军听闻，顿时勃然大怒，拔出佩剑指着白隐禅师："你这个臭和尚，竟然如此无礼，我宰了你！"白隐禅师微微一笑，指着他说："地狱之门，由此打开！"那将军如受当头棒喝，马上扔下佩剑，给白隐禅师道歉："大师，弟子愚钝，未解大师深意，一时冲动，冒犯尊颜，还请恕罪！""天堂之门，由此打开！"白隐禅师微微一笑说。

天堂与地狱，福与祸，善与恶，正与邪，只在一念之间。然而，这一念之间的差别，却不是偶然，一念之间的距离是最近的，也是最远的。有些人一生都无法跨越这一念之间的距离。

一念之间最远，是因为一个人修行太浅，缺乏心灵正能量。就如一盆水与一湖水的区别，同样投入一个石子，一盆水会激烈动荡，如临大敌；而湖水则轻轻荡起涟漪，不惊不恐不骄不躁，从容保持自我，任石子干扰，荡几处浪花而归于平静。

我们的心也如一面能量的湖水，外界种种如各种石子，时不时落入湖中。

有些人心湖能量太浅，被各种人事物弄得无法平静，烦恼痛苦不已，当然在这样的处境下，难以做好自己。有些人经过不断学习、修行、成长、提升，心湖能量越来越渊博，那些生活、工作中的种种，皆只荡起一点水花，无法干扰他们心灵的稳定、宁静和平和。在这样好的心境之下，他们很少受外界影响而迷失自我，自然也能有更多的精力做正念、正言、正行之事。

你的心灵能量只有一盆水，无论你如何告诉自己要定、要静，不受他人影响，也无济于事。因为你的能量状态使得心量太小，决定了你经受不了一个大一些的石子的干扰，甚至一个小石子——小事件，皆让你动荡。

所以，有些人懂很多道理，却每临小事便抓狂，每遇干扰皆激动，原因不是其他，正是他们的心量太小，心灵能量不够，他们的心灵能量只有一盆水。他们通过不断修行、学习、提升，增加自己的心灵能量，让自己的心量越来越大，大至一面湖甚至更大，什么时候方能做到从容淡定，遇事闲庭信步，少受外界干扰，做自己之主，展生命之光。

我们常常被教导：要做自己的主人，要学会控制情绪，要少受外界影响，可是却没有人真正告诉我们这个教导仅仅只是一个结果，达到它的过程和方式方法却无人告诉我们。于是，我们就如一个拿着画学画画的人，教导我们的人给我们几幅美丽的画，说："你要学会画这样的画，你要做一个能画出这样的画的人！"可是却没有人教我们如何画画，没有人告诉我们如何才能学会画那样的画。在这样的状况下，我们也被迷惑了。我们拿起笔，就开始画那样的画，以为只要想画的时候，直接画那样的画，就可以画出那样的画，就可以成为"能画出这样的画的人"。可是，每次要画的时候，却发现不知从何下手。一次又一次，我们都没画出那样的画，甚至很多时候，连如何调出那画上的颜色都不知道，像样的一笔也没画出来。结果我们没有学成，没有成为"能画出这样的画的人"，我们的勇敢和信心却被挫折消耗得一点不剩。我们开始怀疑自己，甚至放弃。

现实生活中，太多所谓的教导都是如此，他们告诉我们要如何如何，那似乎很好，但往往只是一个结果，没有人告诉我们中间的过程和方式方法。我们兴冲冲地冲向那美好的结果，很多人掉入了过程的深渊，再也没有出来。

这就是本末倒置。我们都总想着直接伸手拿到那个结果，却很少有人在过程上下功夫。很多人也忘记了，结果只是过程的一个自然延续而已。只要我们在过程上下好正确、足够的功夫，结果是自然而然的事。

禅宗里面讲"顿悟"，这顿悟不是偶然的，也不是哪天你灵感好，一下子出来的。在顿悟与迷惑之间，有一个漫长的精进、修行过程。好的过程不一定会有完善的结果，但没有好的过程，一定不会有好的结果。

一念之天堂与一念之地狱，这看似最近的距离之间，有着一个长时间精进、修行、学习成长、积累正能量的过程。一个人若疏忽了精进、修养、学习成长、积累正能量的过程，结果必然是，地狱之门时时在他的生活、工作中开启，给他带来无尽的烦恼、恐惧、不安、焦虑、痛苦。而这个结果是自然发生的，并非命好与不好的问题。

22. 做好自己，过程之美

有位盲人，晚上夜行，不小心撞到了别人，那人看他是个盲人，要送他一盏灯。盲人说："我是个盲人，要灯也没用啊！"对方说："你打着灯，虽然无法照亮你自己，但可以照亮他人。这样别人能看到你，你也就撞不到别人了。"盲人听了欣然致谢，打着灯笼继续前行。

但是，没多久，又撞到了一个人。"你看不见吗？我是盲人，难道你也是？"盲人质问。"我不是盲人，这黑灯瞎火的，我怎么看得见你？"那人也不满。"我打着灯笼，你看不见吗？我看你是故意找事吧！"盲人很气愤。"你的灯笼根本就没亮，我当然看不见！下次，你还是点亮灯笼再上路吧，免得打个瞎灯笼！"那人说完，愤然离去。

我们在生活中不也是如此吗？很多时候，我们听从他人的建议，贯彻之、笃行之，却忘记了，他人的想法往往出自他人的经验、角度，并非完全适合我们。更重要的是，我们不是他人也无法完全有效施行他人的方法。

更关键的问题是，我们往往听了他人的意见和想法，忘记了自己去消化吸收，转化为适合自己的东西，就匆忙依行，致使出现纰漏。甚至还反过来责怪他人的意见害了自己。事实上，所有的问题往往全出在我们自己身上。

我们一直在说好好做自己，做好自己，我们也提倡做好自己，就要不断学习、提升、成长、修炼，但这些都要建立在"做自己"的基础之上，假如我们无法做自己，错得越多，学得越多，越迷失自己。

所以，人生一世，若要活好自己，让自己的生命绽放光彩，就得先认识自己，认清自己，知道自己的能力。认识自己，才能懂得取舍、进退，天地之大，取己所需，供己所用。

　　我们每个人都是如此，要做好自己不是说你只顾做好你自己，而是自己好，他人好，在自己好、他人好的基础之上，大家都越来越好。现实中，有人高洁，有人低俗，有人高雅，有人粗陋，有人伟岸如青松，有人渺小如小草，而这其中没有什么好坏之分，不过是各有各的选择，各有各的人生罢了。如青松不能要求小草如它一样伟岸，高洁之士不能要求世俗之人不爱钱财，牛不能说虎吃肉就是坏的，而要求它们吃草。世间之物皆是三六九等，上不怨天，下不尤人，做好自己，方能异彩纷呈，生机勃勃。

　　我们以为自己学会了老虎的本事，就可以如老虎一样威猛，事实上，假若我们无法始终觉醒自己不是老虎，往往会被那老虎的本事害死。这就是说，任何时候，我们的所思所想所行所言是否好，就要看其在实际中是否有效。即使你的思想再好，在现实中无法达到效果，那它如何算好呢？就如做糕点，制作手艺天下无双，成品观感无可挑剔，但食之却难以下咽，这样你，可能只是一个造型师或者表演者，却不是一个好的糕点师。

　　世事就是如此，无绝对的好，也无绝对的不好。人各有志，每个人能做好自己，就不辜负宇宙天地之德。

　　那么，你要做怎样的人呢？你在做自己，还是为他人而活？小草活好自己的平凡，青松活好自己的伟岸，老虎活好自己的威猛，绵羊活好自己的温顺。春有百花秋有月，夏有凉风冬有雪，各有各的好，各有各的美。

　　然而，要活好自己，你积蓄好能量了吗？小草能活好自己，需有充足养分；青松伟岸，能经风霜，也得长对地方……活好自己，也得在自己选择的方向上有足够的能量：知识、能力、智慧、资源等。

　　你为做好自己积累了什么能量基础？知识？智慧？能力？环境？做好自己，终是一个过程，不仅仅是一个结果。当下的每一刻，皆是我们在做自己，是否能好好做自己，全在这一点一滴言行念之中。若你认为积累了足够的能量基础后，才可以好好做自己，那你就错把做好自己当作一个结果了！

　　我们欣赏一棵青松，不仅仅指看到的那棵树，更多的是指它成长的过程，即它的生命过程。结果只是一个点，是死的，只有过程是活的，是丰富的，是可以蕴纳万千的，是有无限可能的。

　　一个人的好与不好，也不是一个结果，而是过程。一个你一无所知的人站你面前，他是好的，还是不好的？他无所谓好坏。只有我们从面前的这个人为点，伸展开来，才能有分别，有分别，才有好坏。例如，你看到他，因为他的面相或言行举止而不喜欢他，这表面看是一时感觉，事实上，你已经拿他的当下信息与自己的记忆比较——长得像你不喜欢的一个人；言行举止牵出你的潜意识，而潜意识中的不喜欢又源于你曾经的经历；或者你感觉他的笑容是假的，这也是因为你曾见过他的这种笑容……在你的意识中已经以面前的这个人为圆心，画出了一个信息面，由此，你有了判断，有了分别，才有了好坏、喜恶之分。

从另一个角度来说，人的好与不好，都是接触一段时间后，我们才能知晓的——要经历一个言行念的过程，方能有好坏之分。因此，好与坏是一个过程，而非结果。我们做好自己，也是一个过程，而不是一个结果。

事实上，生命本就是一个过程，有了好的过程，这个生命自然是好的，没有好的过程，终点再辉煌，皆是虚妄。

23. 生灭之间，意义所在

有一个医生，医术高明，但他发现了一个让他苦恼的现象：他给人们看病，病人好了，便忘乎所以，不爱惜自己的健康，不久又生病，再找他看，如此往复。于是，他离开了城市，遇到两国交战，看到无数人受伤，他便投入其中救治伤员。可是，他费了一月之久救治了很多人，但没有一个活着，都死了，因为所有被他救治过的人，伤一好就马上再投入战场，又会受伤，他再救治，他们再受伤……直到战死！他迷茫了：我费了这么大的工夫，救死扶伤，他们还是死了，我还是没有挽救他们啊！那我作为医生的意义何在？

有时候，你是否也如这位医生一样，有此疑惑？你花了那么多的时间和精力去做一件事，最终却一无所获，你便怀疑自己——这样做有意义吗？值得吗？到底为了什么？须知，你有此疑惑，是因为你执着于结果，忘记了生命是一个过程。

生命是从生到死的过程，重要的不是我们来自哪里，也不是我们的终点，而是这其中的过程。没有中间的过程，仅是两点，没什么意义，但若用过程把两点连接起来，便有了一条线，再把这条线动起来，就有了面，进而有了体。

试想，若只看结果，人一出生就走向死亡，那生有何意义？一个东西出现是为了消亡，那它出现做什么？宇宙之中，万事万物，皆在生灭之间，所以佛家曰"万法皆空"。然而，宇宙的秘密是：生灭不是目的，生与灭之间的过程才是意义所在。

24. 因缘矛盾，能量转换

再从另一个层面来说，生命也是一个矛盾的过程，何为生与死？生与死、阳与阴本是两个极端。生命是从生走向死，从阳走向阴，从生走向灭的过程。这注定了生命是一个充满矛盾的旅程。若我们看不到这一层，就看不到并且接纳这一事实，就无法从烦恼中解脱，活好自己。若我们连最基本的生命真相都无法看清、无法接纳，便会永远被各种事物所迷，永无自在、从容之时，又何谈活好自己呢？

矛与盾，本是两种完全不同的兵器，若它们不在一起，不相对，便无"矛盾"存在。但是当矛与盾在一起，甚至矛冲向盾，那就出现了"矛盾"之象。以"矛盾"之喻推而广之，落实到其他事物，也就是说，矛盾本就是一个过程，这个过程既包含了矛，也包含了盾。

生命也是如此，是一个生命、阴阳、生灭的矛盾过程，自然地，人生之中会出现各种矛盾、对立现象，这是必然，也是自然真相。我们要想活得自在、轻松，活好自己，就必须懂得依阴而抱阳，调阴而护阳。阴阳和合，方能万事顺遂。

由此，你要懂得，现实中有好人，有坏人，有好事，有坏事，有顺遂，有挫折，有兴旺，有衰退，有你喜，有你恶，有助你者，有阻你者，一切皆是自然，一切皆存大道于其间，真实不虚。佛家所说的"色不异空，空不异色，色即是空，空即是色"，正是如此。

很多时候，好即是坏，坏即是好，实相无二。凡有分别、评断，皆是相对，很多事物往往是此一时，彼一时。世上从无绝对，所谓"水至清则无鱼，人至察则无徒"。人本就生于两个极端之间——生与死，绝对之间则无绝对。对于一生来说，生是绝对，死亦是绝对，人生就在绝对之间。但从宇宙能量长河来看，生与死也并非绝对，它们不过是一个个能量转换点而已。宇宙之大势，便是在这生生灭灭的变换中达至久远。

所以，你要想活好自己，活得快乐一些，幸福一些，少一些烦恼、痛苦，就要放下过多的分别和执着。因为生命中没有什么一定是好的、善的，也没有什么一定是不好的、恶的，一切皆是适时、因缘。

25. 做人之道，不求完美

很多时候，我们的苦不源于他人，也不源于外界，而是因为我们执着于是非对错，执着于黑白分明。而这恰恰与宇宙真相相悖。所谓"至诚之言，人未能信，至洁之行，物或疑之"，意思是说，太过真诚的话，他人往往不相信，太高洁的行为，人们往往怀疑，这都是因为我们过于追求绝对和完美之故。

这也是为什么从古至今，那些过于耿直的人，即使一片赤诚之心，也依然受人排挤、少有重用、没有善终的重要原因。不是说他们不够好，而是太过于好了，好到了极端，就与这个现实世界真相不符，自然无法安然融入现世，也无法被现世所欢喜。

你可能要问，难道这个世界就是污浊的？做人就要放下高洁？且不说我们到底该如何，先说这世界的真实规律是什么？生而为人，来到世间，不按世间的规律做人，用不适合人世间的方式做人，难道就是正确的吗？

所谓人，立于天地之间者也。天者，至高至阳至洁至上至大；地者，至卑至阴至混至下至博。所以，一个合格的人，必然是介于此天地之间，要好好做人，就不要追求完美，追求极端，而要时时心存善念，口言善语，身行善行，时时觉察，保持精进，知错即改，同时，凡事宽容，留有余地，与人方便，与人携手，共同成长。此乃为人之道。神有神道，魔有魔道，人有人道。做人之道，就在善恶之间。

以宽容心看世界，包容心看他人，自能与世界相融，与他人和睦，与自己同体。此谓内外和谐、身心合一，幸福人生之道也。若能切实理解其中道理，践行其中之道，自能做好自己，让自己的生命绽放光彩，不辜负天地、父母大德。

26. 国学智慧，净洁身心

中华几千年的传统智慧，是实实在在的世间智慧，或者说人间智慧。无论儒家、道家，还是禅宗，皆告诉我们如何好好地做人，好好地立于世间，活好自己。

儒家讲入世智慧，告诉我们如何在世俗社会安身立命，修身、齐家、治国、平天下；道家讲世外智慧，告诉我们如何离开俗世，逍遥于种种纷扰，养生、修心，得道；禅宗讲出世智慧，告诉我们如何看开、放下、解脱，成佛。不过如今的禅宗也讲人间佛法，讲入世修行，吸收融和了儒家、道家的智慧。事实上，现在儒家、道家、禅宗，都在相互吸收、借鉴、融合，这也符合中华智慧根源的阴阳思想，世间一切，本就无二，阴中有阳，阳中有阴，阴阳合和，万象祥和。

也就是说，数千年来，我们中华民族所有的文化、所有的智慧，皆源于一个根本，那就是人世间所有的努力、追求，皆指向在人世间活好，每个人活好自己，然后天下太平，所谓"修身，齐家，治国，平天下"，要先从修身开始，然后依次齐家、治国，最后实现平天下。所以，我们生在这样一个充满智慧的国度，若活得焦虑、不安、惶惶不可终日，如何说得过去呢？

这让我想起一个故事：一位母亲悉心照顾着她的儿子，可她这个儿子不让她省心，不是淘气，也不是顽皮、捣蛋、游手好闲，而是非常懒惰。懒惰到什么程度？能走绝不跑，能站绝不走，能靠绝不站，能坐绝不靠，能躺绝不坐。甚至吃饭都需要别人喂。有一次，家里发生了一件急事，需要到较远的地方去处理事情。父亲不在，母亲和其他兄弟姐妹有事走不开，所以，母亲不得不吩咐他去。母亲知道他太懒，帮他打理好一切，又怕他饿着，就烹制了一张大饼，套在他的脖子上，这样，他一路上只要饿了，张口吃便是。之后，就让他上路了。

可是，两天后回家，他却饿得几乎走不动了。一进门，就嚷嚷饿死了。母亲问，你脖子上不是有大饼吗？如何这般饿？他却说："太麻烦，需要低头吃也就罢了，可是，吃完一边还得转到另一边！"于是，母亲赶快喂他吃，才罢了。

我们如今不也是如此吗？身在泱泱中华，坐拥如此丰厚的数千年经典智慧，却心灵贫瘠如此，何能说得过去？到底是世事恶劣，外界纷扰？还是我们自己太懒惰？

前面故事中的懒惰少年，很重要的一个原因是母亲娇惯，那么，我们如此懒惰又是谁娇惯的呢？恐怕不是父母吧？父母固然对一个人的成长影响至深，但此种缘由却是我们过分娇惯自己。我们任由自己浪费大好时光，也从不抽些时间去读一读经典，吸收一些中华智慧的营养。事实上，只要每天抽点时间，哪怕是15分钟，便能滋养心灵，就如低头吃挂在脖子上的大饼一样容易，可是，我们还是嫌麻烦。如今，却闹心灵饥荒，心灵饿死者常常有之，这是多么奇怪的事啊！

生于华夏大地，长于华夏大地，若想活好自己，就得学好华夏智慧，这是最基本的道理。这就好像你进入了一个新环境，要想生活得好，能更好地融入其中，就必得学习文化。进入一个公司，若你都不了解这个公司的文化，更不参加他们的活动，那你如何在这个单位过好，有好的前途和发展呢？求人相助，笑脸相迎，请人宽恕，放低身段。更何况我们想在中华大地活得好，活好自己，活出自己的风采呢？我们若不把先人们世世代代的总结和经验智慧放在眼里，还到处寻找更好的方法，那不是：龙伏在侧，寻驴远行；虎自听命，驯狐涉险。一味地"鼠目寸光，不见泰山"，岂不可惜？

你可能会说，在如今这样浮躁的社会，哪能静下来读书，读经典？没那个氛围啊！世界如此浑浊，如此急功近利，我何能独不受影响？身在俗世，身不由己啊！

真的是如此吗？外界环境太差，让你无法做好你自己？其实，事实并非如此！固然，任何一个人，要不孤立于社会，必得融入社会。但也不是说我们就要丢失自我，完全受外界环境所左右。人世本就是俗世，人间本是凡间，人人皆是凡人，那极高洁的社会环境，自是难觅。但这也不是重点，重点在于，在这个世间，清者自清，浊者自浊。莲出淤泥而更洁，非淤泥不浊，莲自洁也。我们身在俗世之中，活出如何样貌，主要在自己。人生本就是一场生命成长的功课，这芸芸凡俗世间亦是课堂，那些助我们、爱我们、阻我们、害我们、我爱者、我恨者、我喜者、我恶者等与我们有缘之人，皆是同修。我们所遇见种种，所遇的各色人等，都是助我们修炼人生功课者，因此，对生命的一切，全应存感恩之心，不应存怨恨之念。

任何时候，我们没有修好人生功课，没有做好事，遇到阻力和困难，皆非外界、社会、他人之过，实为我们自身的问题。因此，须自省自修正，自强自精进。

27. 放下分别，当下活好

　　一个人要活好自己，融入这个世界，融入身边的社会，是必不可少的。这并非让你抛弃自我，丢掉自我，而是剥离小我，实现大我，这与同流合污，是不同的，我们需要做的是同流而不合污，即所谓大同之求同存异。事实上，世间一切，没有什么是绝对的，真实的存在皆是阴中有阳，阳中有阴。我们做人处世也须如此，不走极端，不行过分，凡事留有余地。处世智慧皆在分寸二字，若能事事把握好分寸，便具有一定的智慧之心了。

　　当然，我们同时也是在说，活好自己，需把握分寸，不走极端，这也不是绝对的。若一个人本性中有强烈的"完美主义"成分，你让他处处皆不求"完美"，而他自己本身又无论如何做不到放下，即所谓太过性情，那他将丢失自己。那便背离了我们做好自己的初衷。因此，无论什么，七八分足矣，不求一定，不求绝对，把握七八分，随缘二三分，如此，人生方是做自己，活好自己。否则，无论你追求的是什么，皆是作茧自缚，自寻烦恼。

　　世上没有一个标准能衡量任何人，若一定要找，那便是阴阳太极的智慧。衡量一件事是否合理，衡量一个人行事是否恰当，皆可依此。然而，即使如此，我们也不能执着于以阴阳太极去衡量人事物，因为每一人事物皆是此一时彼一时，有其因缘，有其积累，有其时势，有其因果，从这个层面来看，没有真正的正确与否，好与坏。一切皆是一种存在而已，一种能量的变化体现而已。

　　例如，一个人高考没有考好，这是好还是坏呢？表面来看，似乎一眼便知是坏事。然而，这个人因为没有考上大学，转而打工拼搏，多年后，有了自己的企业，成家立业。那么，从这个角度来看，高考没考好却又是好事——因为这样才有了后来的打工、创业及现在的成就。即使从这个角度来看，没考好也一定是好的吗？不一定！因为，有谁能保证若他当年顺利上了好大学，之后的人生事业及发展就不如现在呢？说不定因为上大学，学习了更多的知识、获得更好的机会，成为更大的栋梁！所以，好与不好，皆是片面判断而已，所有的好坏，皆是从某个角度省视的认识。

我们应该认识到，很多我们认为对立的分别、判断，皆是事物一体的两面而已。不过是"横看成岭侧成峰"，为下者视为上，为上者视为下。若我们一遇到人事物就马上给其一个好与坏、善与恶的判断，而不从多层面、多角度省视、察觉，便与那摸象的盲人无二，只见其一，不见其二，以偏概全，岂不可惜？事实上任何一个判断本身也无对错，仅仅只是片面而已。那摸到象腿的盲人，便说大象如柱，他错了吗？没错，从他的角度来说，他确实摸到了大象，而且当真如柱，那是真实的存在。我们对人事物的判断不都是片面认识结果吗？

所以，老子说："道可道，非常道。"大智者知道了我们所有判断、概念、表达的片面性，说他所告诉人们的"道"，不是最真实的那个"道"，只是为了表达方便，才不得已而说是这个"道"。

从另一个层面来看，每一个发生，不过是生命能量在一定时间的状态表现罢了。土壤中的种子，春天温暖的能量给它生命的召唤，它获得了这温暖的能量，所以破皮发芽，破土生长。夏天来临，获得了繁盛的阳光能量与充足的雨水能量，它欣欣向荣，繁花似锦。夏天过去，秋天来临，天地肃杀收敛的能量来临，它应秋之能量，收敛能量，结果成熟，叶子变黄，凋落。冬天来临，天地充满寒冷的能量，它闭藏生机和能量，静息以待，期来年春归。整个过程皆是能量状态的表现。谁又能说其中哪一个发生是好或是坏呢？种子生芽是好是坏？花落了是好是坏？叶黄了、凋了是好是坏？每一个发生不过是整个生命历程的一个步骤而已，生命能量状态如此。

而植物要活得好，有好的生命状态，不在于哪个发生和步骤的好坏，不在于哪个发生和步骤应该或者不应该出现，而在于它是否积极应对每一个环节、步骤，是否在每一个发生、每一个当下做好应该做的事。例如，当发芽时积极发芽，当生长时积极生长，当扎根时努力扎根，当开花时积极开花，当落叶时及时落叶，当闭藏能量过冬时及时闭藏……假若这个过程中遇见了什么突发的灾难，干旱、虫害等，尽最大努力应对……如此种种，它才能活好自己，越活越好。

事实上，几乎世间所有的植物、动物都懂得这个道理，什么能量状态下做什么事，顺势而为，它们也往往都能活好自己，活出自己的生命价值，这值得我们用心学习。

你能看到这一层面，便懂得世间一切人事物皆不必太过执着，不用执着于是与非、黑与白，因为我们对万物万事的认识和判断，皆因我们所处的角度、位置、时空、心念不同而改变，心之变换，世事万千，万法随心，境由心转。所有发生皆是当时生命能量状态的表现，因果的必然。放下那些执着，把精力放眼当下，活好当下，当下好好活，此即正道。

再进一步，何为活好当下，当下好好活？实为依社会秩序而定。为领导者，做好领导，有领导的样子；为下属者，做好下属该做的，有下属的样子；为父母长辈者，做好父母长辈该做的，有父母长辈的样子；为子女者，做好子女应该做的，有子女应有的样子。在什么环境下，就以相应的状态去积极生活。"邦有道则仕，邦无道则卷而怀之"，即在好的环境下，积极施展自己的才能，成己利人；在不利于自己的环境下，静观其变，退而修己，积蓄自己的能量，不急不躁。

如此，方能在这个世间活好自己，活出自己的风采。

28. 负面情绪，源于能量

有朋友问我：照临老师，如何控制负面情绪？确实，情绪对我们每个人的生活影响甚广，可以说，我们生活的方方面面皆会受情绪的影响。很多时候，我们往往因为情绪不当，做出许多悔之晚矣的行为。

自古以来，多少大有才能的人，因为情绪问题，毁了自己的前程。《三国演义》之中，张飞因为情绪，被属下杀了；刘备因为失去兄弟，情绪失控，贸然兴兵，致使多年成就毁于一旦，可惜诸葛亮几十年的殚精竭虑、运筹帷幄，一切辛苦，付之东流，从此以后，无论再多努力皆无可挽回，大势尽失。周瑜雄姿英发，江东英才，正当成就之时，却因为情绪不当，嫉妒、生气、郁闷而死。此类事例，多不胜举，皆因无法控制好自己的情绪所致。当然，这里说的主要是负面情绪。

想想我们每个人，谁没有因情绪不好，而做出后悔不迭之事？

那么，情绪到底是什么？情绪是我们身心世界的"天气"。想想看，当你情绪好的时候，是不是感觉一切都是美好的？当你情绪不好的时候，是否感觉一切都是灰暗的？

再看看我们的外部世界，当天气晴好，世界一片光明、温暖；当天气阴雨，世界一片阴暗、潮湿、压抑。若坏天气持续很久，大地上的生命都会受到影响，植物缺少阳光，生长受到影响，甚至因为阴暗潮湿而霉烂。而当阳光灿烂、天气晴好之时，世界一片欣欣向荣，鸟语花香，繁花似锦。而天气变换，皆因天地自然能量的变换。当自然能量积累到了一定程度，自然会出现某种天气，这些皆是自然出现，并非偶然。

生命也是如此，情绪并非凭空变换，皆因我们身心能量状态所致。

例如，从身体方面来说，一个人身体阳虚到一定程度，情绪也会不自觉地偏于消极、负面；一个人身体阴虚，则常常出现情绪暴躁、易怒、焦虑、紧张、不安等状况；一个人若身体肝气郁结，则会出现情绪低落、胡思乱想、压抑、不安、抑郁等状况；一个人若身体肝火旺，会出现易怒、急躁、心烦不安等状况；一个人若身体肝肾不足到一定程度，则会出现情绪消极、被动、焦虑不安、易惊胆小、恐惧等状况。另外，一些肝肾不足的人会出现完美主义心理，也就是强迫症倾向；一个人若身体脾胃不足，则会出现情绪低落、疲惫、不想动，总想休息等问题。

从心灵方面来说，若一个人生命中很多时间接触的都是负面、消极的信息，他的心灵不断被填充负能量，心灵负能量过多，自然最容易出现负面情绪。若一个人接触的，皆是负面、消极的人，他的心灵能量也会慢慢变得负面、消极，心能量状态是什么样，情绪表现自然也会是什么状态。

然而，若一个人一直坚持阅读正能量书籍，不断补充心灵正能量，从言行念各方面时时践行正见、正言、正行，自然情绪表现也会越来越正面。若一个人接触的大多是正能量的人，互相影响之下，他的心灵正能量也会逐渐增加，负面情绪也会越来越少。

需要明白的是，身心是我们生命的一体两面，一体不二。对于我们每个人来说，身体和心灵状态共同决定着我们的生命能量状态。若身体状态长期不好，心灵状态也会受到影响，进而整个生命状态也会下降；心灵状态若不好，会直接或间接地影响身体状态，在这种情况下，生命能量状态自然不好。

最简单的例子，当你感冒生病，浑身乏力，全身不适时，即使你的心灵充满正能量，你的生命状态也不可能很好。一个普通人在这样的状态下，还能谈笑风生，举止优雅吗？同样的，心灵受到创伤，伤痕累累的人，身体再健康，生命状态也不可能好，不可能指望他朝气蓬勃、精神抖擞、口吐莲花。

对于普通人来说，身体状态长期不好往往会慢慢拖累心灵，使其改变原有的积极乐观心态，变得越来越消极、悲观，对生活失去热情。除了那些心灵异常强大的人，身体欠佳而心志越坚者，绝大多数普通人的身体状态对整个生命状态的影响是决定性的。君不见，现代社会太多心理问题的根本原因除了社会环境不好、欠缺个人智慧外，很重要的一点，就是身体状态越来越差。

最典型的是有些四五十岁的女性，本应是有着良好修养的贤妻良母，可因为"更年期"问题，变得极为不堪——消极、负面、焦虑、敏感、易怒、暴躁等，弄得家庭氛围紧张，家人厌烦，子女们不待见，对她们来说，真是有苦难言啊！其实，所谓"更年期"问题，不过是随着身体的消耗，肝肾不足、气血亏虚的表现罢了。若能及早调理身体气血、阴阳、脏腑，则此类问题可在很大程度上得到改善。

另外，心灵状态长期不佳也会拖累身体。即使一个人身体很健康，若心灵长期正能量不足，身体也会倒下，生出病患。最常见的例子，当你情绪低落时，你的脾胃功能会受到影响，不想吃饭，慢慢开始乏力，而且，这期间还很容易生病。那些总是嫉妒他人、生气的人，他们的身体会随着时间的推移出现各种问题。最常见的例子，那些总是心里不畅快、生闷气的女性，往往会出现妇科问题。

而我们也必须更全面地认识到，身体与心灵不仅是单向影响，而是互相影响的，我们要永远记得，身心是生命的一体两面，不可独一而存在。身体状态不好会影响心灵状态，而心灵状态不好又反过来进一步影响身体状态，使其更不好，更不好的身体状态再进一步影响心灵状态……如此恶性循环。所以，任何时候，不管是身体问题，还是心灵问题，我们皆要以其中一者为主，另一个为辅助，共同解决。任何只顾其一的解决方法，效果皆会大打折扣。

29. 改善身心，调整情绪

由前文可知，我们的情绪状态是由生命能量状态决定的，而生命能量状态又是由心灵和身体状态共同决定的。也就是说，一个人若总是出现负面情绪，就得从两方面着手改善。

一、调理身体状态

要知道，若一个人总是出现负面情绪，其身体多半已经处于亚健康状态。由于身体是心灵的住所，调整和改善身体环境，恢复身体健康是第一步。

一般来说，肝肾、脾胃为重要调理对象，补益肝肾，疏肝解郁，健脾养胃，推陈出新，益气活血，调理阴阳，降龙伏虎，必不可少。

脾胃为后天之本，一切营养皆需脾胃运化。脾胃健康，则身体营养方能跟上。肾为后天之本，肾功能健康，则人不易衰老，骨骼健康，耳聪目明。肾五行属水，肾健康，则能上济心火（五行属火），既使心火有能量可"燃"，又不至于心火过旺（心火旺，会出现心烦、易怒、暴躁、不安等状况），阴阳（水火）平衡，身体才安。《黄帝内经》中有："肝藏血，将军之官"。所以，肝功能健康，身体之血必足（血虚不足者，肝功能必不好，调肝必调血），身体气血充足，运行顺畅，身体健康不难。另外，肝主情志，肝功能健康，则情绪也会相对稳定。

另外，现代人生活环境、饮食习惯、生活习惯不好，再加上运动不足，常常会出现身体能量上浮的状况。所以，降龙伏虎就显得极为重要。从五行来说，肝为木，其色主青，东方青龙应之，降龙者，疏肝敛肝也，使肝气既不郁滞，能顺畅生发，也不过亢；肺为金，其色主白，西方白虎应之，伏虎者，一身华盖，云行雨施，敛降肺气也。很多人脸上总是长痘，脸上出油，眼睛干涩，大便非干却不畅，脸上毛孔粗，主要原因就是身体的能量老是往上走，敛降不足。

健康的身体有两个循环：一个循环是身体能量从左侧升起来，从右侧降下去；另外一个循环是脾胃，脾升胃降。中央脾胃能量循环转起来，推动外面的肝升肺降能量循环；外面的肝升肺降能量循环，又反过来推动中央脾胃的能量循环。若这两个循环正常，则我们身体健康，精力充沛，身心舒畅。若这个循环中某个环节出了问题，升得多、降得少，就会出现能量阻滞，这可能表现为炎症、皮肤出油等能量过多之象。实际上不是能量多，而是能量运行不畅。若升得少、降得多，就会出现能量不足的假象，如乏力、气短、皮肤干等，还可能出现脏腑下垂之症。

现代人往往升多降少者居多，能量上升，在上部产生过盛之象，所以，降龙伏虎便显得很重要。这个时候，养肝肾之阴，以润阳旺之肝木，使肝火不至于过旺，同时滋阴潜阳，使其勿升过多。另外，敛降肺气，使能量顺利下降，这样，两边同时一收一放，能量循环畅通、平衡，问题自消。除此之外，往往会同时配合调脾而通降胃气之法，使内外两轮能量循环都正常，整个身体自然恢复健康。

当然，除了必要的调理，平时的饮食习惯、生活习惯也是极重要的。若经常胡吃海喝，再好的身体也将失去健康；如果晚上熬夜，白天睡懒觉，健康何来？身体何尝不被损害？若你从来都不运动，身体如何能不衰弱、腐朽？

二、改善心灵状态

我们的心灵对外界认识和感知，往往是以已知求未知。例如，看到一杯咖啡，我们心生欢喜，美美地享受了一番。然而，若是在一个极偏僻的山村，村民从未品尝过咖啡，甚至都不曾听说。村民看到一杯好咖啡，会怎样？即使他喝了，也不是美美地享受，而恰恰是厌恶，他喝到的是一种苦东西，还有些焦煳的味道。事实上，他可能喝了一口，就吐了，还骂："这是什么玩意！这么苦！"

同样一杯好咖啡，为何一个人感受到的是美味、享受，另一个人感受到的却是难以下咽、糟糕？不同之处就在于我们内心的已知。那个能享受咖啡美味的人，早就知道了咖啡是什么，那意味着他早有了"已知"，而他此时对咖啡的感受，很大程度上取决于过去已知的咖啡，而且在过去的已知中，咖啡也是美好的。那个村民感受到的是难以下咽、糟糕，也源于他过去的已知。在村民的已知系统中，苦味的东西便是不好的、糟糕的。事实上，自人类之始，我们每个人便有了这个已知——苦的东西，是不好的。只是，现代都市人的这个已知已经被后来的咖啡文化所替代，变成了——咖啡，即使是苦的，但那是品味，那是美好生活的体现等。

这就是心之已知的力量。我们对一切发生、一切人事物的感受和判断，皆源于此。也就是说，我们已知的东西，决定了我们对当下正遇到的东西的感受和判断，及对未来的判断和选择。而这其中，人已有的思想、观念，并非单一的，往往是复杂的。也就是说，对同一个事物和状态，心中可能存在几个感受和概念，但这几个感受和概念之中相对强大的那个，对我们当下的感受和判断起着决定性作用。

生活中，有些人特别怕狗，即使是遇到那种小不点的狗，也很紧张，这便是已知在作怪。因为他以前被狗吓到了，从此在内心深处形成一个已知：狗是危险的，可怕的。每次遇到狗时，这个已知影响和决定着他的感受、判断及行为。婴儿、小孩子什么都不怕，什么都敢上前，皆是因为他们心中的"已知"极少。

所以，负面情绪过多的问题，从心灵层面解释，便是我们心中那些已知在作怪，那些已知中，负面、消极的东西太多。若要改善这个问题，就要从现在开始多多增加自己心灵中正面、积极、正能量的已知，唯有如此，方能有效。然而，这又是一个逐步改变的过程。过去积累了太多负面、消极的已知，那些已知会一直发挥作用，直到心中新积累的正面、积极、正能量的已知占优势，并且慢慢替代过去形成的那些消极、负面的已知。

就如，一个国家，混乱不堪，国政昏暗，奸邪当道，这是因为不良之人在国家占据优势地位，他们控制着国家的各种权力。要改变这种状况，不易。若我们只是努力控制、对抗那些奸邪势力，往往费力且没什么好结果，因为奸邪者什么办法都敢用，正道之人何能对抗？只有从根本上解决，更换明君，提拔重用、增加良臣，使良臣占据主导地位，那些奸邪之人自然会逐渐被清除出重要位置，如此，国家自然能恢复祥和，国泰民安自至。

由此我们也应该能明白，为什么很多人学习了各种控制情绪的方法，总是一时之效而无长远根本之效。面对任何事情，抓住根本是为道，纲举而目张，所有的具体方法皆是术。若只求术，而舍弃道，唯一时之效，长远却不能，若道错了，越重术，错得越多。如今网上流行各种情绪控制法，此皆术也。殊不知，现代人的负面情绪问题过多，非缺方法，不知术，而是缺少必要的心灵修养，心灵正能量缺失之故。所谓"修身，齐家，治国，平天下"，这"修身"，并非仅指修养身体，而是指修养身心，要多读书，多读经典，增加心灵的智慧，保持身体健康。如今，人人急功近利，不知修身为何物，自会出现各种问题，困局重重，焦头烂额，工作中出现各种问题自不必说。

如今，人心惶惶不安，人人少有快乐，幸福之感也是难求，皆是忘记了"自天子，以至庶人，一切皆以修身为本"，不修身，人何能安立？一方面，不爱惜自己的身体健康，致使身体总处于亚健康状态，身不康健，心何安宁？另一方面，不修心，心无智慧，混沌一片，遇事，何能正确裁决？如何化解矛盾？如何消除烦恼？

试问，我们从小到大，不断学习，可花了几多时间去学习中华几千年的经典？不可否认，在此之前，我们的教育导向存在一些问题（最新的教育改革已经开始把国学教育纳入进来），可更重要的是，我们如何对自己的生命负责啊！泱泱华夏，一代又一代先祖用自己最切实的实践，验证、总结出伟大的华夏智慧经典，很多时候，这些智慧甚至是以血的代价验证的，可我们现代人却几近把它丢弃，这是多大的悲哀和愚蠢啊！如今，很多西方人在努力学习中华智慧，可是我中华儿女却要抛弃！当真是我们出息了？残酷的现实一遍遍告诉我们，西方的那套东西对于如今乃至今后我国的福祉，力不能逮。该是我们醒悟的时候了！

对于心灵的问题、烦恼，若我们从现在开始每天读些经典，不求有多深造诣，但求增长智慧，不久之后，定能一扫心中阴霾，拨云见日，重建美好生活，重遇幸福安和。

心灵是一个容器，你平日里往里种什么，它便长什么，开什么花，结什么果。若你每天种的都是哪个明星出丑闻了，何方出现灾祸了，某夫妻反目了，某亲人被虐待了，彼公司倒台了，彼单位恶意竞争了，如此等等，你的心中如何能开出美丽之花，结出祥和之果？

所以说，一切改善，无论是社会环境的改善、国家的改善，还是家庭的改善，皆从我们每个人自己的改善做起。这个根本的起点，就是修身，修养好我们的身心，使我们身心健康。所谓心外无物，一个身心健康的人，他的世界必将处处光明、祥和、美好。

这一切皆从正能量的言行念做起，心存正念，口言正语，身行正事。而支撑这正能量言行念的根基便是，常读国学经典，多读好书，增长自己的智慧。

我们若能从这些方面切实做起，深行精进，必能心正而身修，那些经常困扰你的负能量、负情绪，也将越来越少，阳光、清净、和美的世界，将近在身边。

30. 生命之圆，修身为本

子曰："好学近乎智，力行近乎仁，知耻近乎勇，知斯三者，则知所以修身，知所以修身，则知所以治人，知所以治人，则知所以治天下国家矣。"这就是说，若我们懂得多学习、多提升，深行精进，在这过程中，时时存有廉耻之心，便接近一个智慧、仁义、大气、勇敢之人了，我们知道了这四者，就懂得如何修身了，而当我们真正这样去做——好学近智、力行近仁、知耻近勇时，便能修好自己的身心，修身做好了，自然能懂得为人之道，懂得如何与人交往，懂得处好与人的关系，懂得管理人，当我们懂得了"处人"的智慧，则可以治理好家庭、团队、公司，甚至国家，乃至世界。

当然，对于我们普通人来说，治国家、治天下有些远了，但我们若想做好自己，经营好自己的家庭，管理好自己的团队、公司，那么，修身便是极佳的可行路径。无数人到处求法，学习了很多与夫妻相处、亲子相处、同事相处，管理员工等的方法，终是发现，学习了万千个应对办法，问题却总比解决办法多一个。于是陷入了无穷尽的应付之中，弄得自己精疲力竭。

事实上，世间一切，其本乱而末治者未有也！其当所厚者薄，其当所薄者厚，何能不疲于奔命，穷于应对？物有本末，事有始终，知所先后，则近道矣。若我们遇事弄不清本末，搞不清根本，看不明因果，未觉察终始，自然不知道何为重、何为轻，不知轻重，则做事不知先后，到头来空耗很多精力，却收效甚微。

每个人在生活之中、工作之中，所遇到的烦恼、困难、痛苦，大多皆是因为"人"出了问题，也就是没有处理好"人与人"的问题，这包括自己与自己、自己与他人。人世者，以人为本也，处理不好"人"的问题，何能不生乱生事，生烦恼痛苦？而我们生活之中要与很多人打交道，若着眼于每个人，则问题永远没有尽头，因为人永远会变，人一变，问题也变了。

这种时候，我们就要学会庄子的"环中"智慧。生于这个世间，你会发现，生命中的每一个发生、每一个人事物，必然是与我们自己有这样、那样的关联。我们不是放任自己随人事物游移，而是把自己放在所有发生、所有人事物的中央，把自己当自己生命的圆心。如此，你会发现，一切发生、一切人事物的影响，皆由自己这个圆心决定，而生命这个大圆也是由我们自己这个圆心所决定，我们与生命中每一个发生、每一人事物的关系、距离决定了这个生命圆心的大小。

因此，生命中的一切，皆以"修身"为本。我们能把自己这个圆心修好，身心和谐自然会有一个好的生命之圆出现。而我们做好了自己，与外界、他人的关系也能越来越好，这种良性的关系不断扩展我们生命之圆的半径，我们的生命也随之越加广阔，生命价值和意义也不可同日而语。

生命是一个圆，你是圆心，不是说你可以唯我独尊、我行我素，而是说你的生命能量状态——身体能量状态和心灵能量状态，决定你将画出一个怎样的生命之圆。省视一下，你的生命之圆的圆心在荒漠之中？还是在冰天雪地之中？或是在污泥沼泽之中？更或是在祥和富庶之地？你的生命之圆画在哪里？

要知道，你就是你的世界，你的世界从你开始，你是你的世界的起点和终点，甚至你是你的世界的过程。虽然看似我们与大千世界牵扯不断，有些时候我们被外部世界所影响、左右、羁绊，然而，无论如何，一切发生皆因我们而起，一切发生皆因我们而来，一切发生皆因我们而变换，无他，唯此耳，你我每个人存于世界，因缘使然。有缘者即至，无缘者即去，有前者之因，自然有后至之果。说到底，我们如何自处，如何应对一切发生、一切人事物，决定了我们的世界。

在这之中，如何自处，如何应对发生，皆由我们个人的修为决定。你是什么修为，自然会怎样自处，以怎样的方式应对，而这又影响和决定着未来的发生及生命走向。修为者，修身也，所以归根结底，人活于世，一切皆以修身为本。有了好本，其他诸事，皆多好办。

31. 苦乐之间，各自修行

为追求身心健康之法，多年来，笔者不断研习中医智慧，其中收获自是颇多，自身健康也受益良多。其间不断尝试，希望寻得一种调理身体的配方，既喝之爽口，又能有强健身心之效。起初，一些搭配确实能收到好的效果，调理后，整个人的精神状态会好很多。然而，这些调理方法最终都会出现一些问题：调理一些天后，额头皮肤会时不时出现一些小米粒样的颗粒状小疙瘩，脸上皮肤相比以前粗糙，且脸上、头发容易出油。同时大便开始不太通畅。

后来，经过进一步研习，笔者明白了其中原因：那些爽口的药材大多不会使身体能量往下走，所以，若全用这些药材调理，整个身体能量慢慢会出现升多降少的状况，便常常在脸上、头上及大便上体现出来。而能使身体能量往下走的药材往往是苦味。

我们知道，身体的能量，周而复始循环着，从左侧升起来，从右侧降下去，中央脾胃，脾升胃降。很多时候，我们身体不适，大多是能量运行出了问题，不外乎能量升降出现失衡。要使身体恢复健康，就要调理身体能量，使其升降恢复平衡。

所以，要调理身心使之健康，仅追求爽口是不可能的了。然而，这不是说调理身心，就一定得这么苦，而是不会很甜美。无论如何，仅仅就调理身体来说，大苦大寒的药材一般很少用到，所以，即使有苦味，也不至于苦不堪言。因为是调理身体，往往还可以添加蜂蜜，这样一来，也就不那么苦了。

由此我们看到，不仅仅是中药调理身体如此，生活之种种也是如此。没有人的生活尽是甜美，也没有人的生活尽是苦涩，真实的生活往往是大体平淡，苦涩时有，甜美时至。由此角度，你也能看到，如调理身体一样，要想使亚健康的身体恢复健康，吃些苦涩的中药是必要的，然而，经由这个苦涩，却可以收获健康。生活不也是如此吗？我们若能坚持渡过那些苦涩的日子，甜美幸福也随之而来，苦尽甘自来，寒过暖洋洋。

与调理身体一样，我们在吃苦涩的中药时，并不知道要吃多少方能恢复健康。所以，在笔者帮助调理的人之中，也有不少因无法坚持耐受苦涩而罢弃者，当然，他们也与健康无缘了，而他们也无法苦尽甘来！唯有那些坚信并坚持，苦中自乐者，最终得偿所愿，尝到苦尽的甘美。而这种难得的甘美，是半途放弃者所无法体会的。因此我们也常见到，现实生活中，健康者总是健康喜乐，神采奕奕，亚健康者总是疲惫乏力，消极负面。

生活也是如此。没有人知道苦涩的经历还有多久，方得离苦得乐，于是，有的人受不了，放弃了，转投其他路径，再次历苦，他们不断中途放弃，不断开始新的苦涩路径，从不知晓甜美是什么，祥和福乐是什么。似乎他们的一生都是要尝尽人间各种苦涩滋味。而有些人则一旦投入一个路径，无论期间经历多少苦涩，全然不改其心，苦中作乐，安之乐之，坚持不懈，最终收获离苦之乐，祥和之福。

至于哪一种好，哪一种不好，恐怕也难作评断，因为一切皆是个人选择，选择什么，收获什么，不也是一种因果，一种自然吗？

总是选择中途改道者，尝遍人间苦涩，谁能说这不是一种人间难得的修炼？一条道走到黑，从苦到甜，苦尽甘来，谁能说这样的人生够丰富，够广阔呢？更何况，很多时候即使一条道走至尽头，也不一定有甜美之果。因此，人生无所谓好坏，不过各人自走各人路，各人自修各自行罢了。

所以，或许最好的人生，不是变换万种路径，品尝万千苦涩，亦不是一条道走到头，而是起初变换些许自己感觉不好的路径，然后选择一条自己相对喜欢的路径，坚持走到头。如此，既有了多种尝试的丰富和广度，又有了品尝苦尽甘来的喜乐，或许人生才能相对更完满一些。毕竟，没有谁来到这个世界就是为了受苦的，谁不想苦尽甘来呢？当然，这种说法也不过是"或许"而已。还是那句话：人生走成什么样，皆无好坏，自己路自己走，自己苦自己吃，自己福自己修，没有对错好坏之分。

32. 中庸修身，好好生活

中华传统智慧强调"中庸"，不偏不倚谓之中，《论语·庸也》中有："中庸之为德也，其至矣乎。"这里的中庸，并非平庸、不作为，而是一种至高的人生智慧，强调做人做事不偏激、不过分、不绝对，即所谓"致中和，天地位焉，万物育焉"。站得高一些，环看我们的世界，没有什么是绝对的。

黑夜与白天是绝对的吗？不是，能找得出来黑夜与白天的分界点吗？严格来说找不出，因为黑夜是慢慢变成白天的，而那渐变过程便是黑夜中白天的能量越来越多；白天是慢慢变成黑夜的，那过程也是白天中黑夜的能量越来越多。另外，我们这里是白天，可地球另一面却是黑夜，我们此时是黑夜，地球另一面却是白天。如此种种，皆是白天中有黑夜，黑夜中有白天，又何来绝对分别？

再如，男人与女人是绝对的吗？男人与女人是不同，确实有很大不同，但你看男人与女人同为人，身体绝大部分都相同，只有几处不同而已，这就是大同而小异。否则，若真绝对不同，那不成了男人类和女人类了吗？

再看，人与动物不同吗？其实，人的基因与动物的基因绝大部分是相同的。

中庸智慧，就是看到了宇宙的这个真相，告诉我们凡事不要求绝对，而是行中庸之道，这便是自然之道。何为中？不偏不倚谓之中。也就是遇事只求合适、恰当、合理、适度，不求绝对、完美。

那么，我们要做好自己，活好自己，活出自己的生命光彩，学会从各个角度、各个层面、各个维度看人生、看生活、看一切必不可少的事物。唯有我们全方位、多维度地看清生活真相，方能做到中庸，无过，无不及。生命处处是适度的，自然祥和安好，生命才能绽放出美好的光彩。

事实上，前文所讲的都是格物，何为格物？就是认识、了解万事万物的规律。而我们在格物过程中，便能致知——增长了知识、见识和智慧，有了足够的知识、见识和智慧，就可以使我们的意念真诚，意念真诚之后，我们的心便能正，心正之后，便有了修身的根本。这就是《大学》所说的"格物，致知，诚意，正心，修身"。

认识、了解我们的现实生活，你会发现，那些烦恼、困扰、痛苦、纠结、迷茫，皆是我们在格物层面没有做好，自己的见识、智慧不足，使自己的意无法真、无法诚，心乱而不正，心已乱，修身便无法谈起。面对大千世界，一个混乱的自己必然有一个混乱不清的生命圆心，又何能有一个安和的世界？生命之圆，何处立足？

一个孩子从小没有认识到私自拿他人东西是不好的行为，父母也没有告诉他，怎样的行为是好的，怎样的行为是不好的。也就是说，这个孩子从小在格物、致知层面出了偏差。于是，他的心、意就出了问题，意失真、失诚，心失正、失善，人自然会出问题。以致成年后做的盗窃、不法之事，也是前因之果。这便是修身之要。

何为修身？修者，剪除其不良，助正其良者也。修身，即不断修剪自己身上不好的言行念，培养、增强自己身上良好的言行念。

生命是一次修行的旅程，人生是一次成长的功课，这个修行、功课，就是修身。修身是一生的功课。人活着为了什么？就是为了在自己将要离开这个世界之时，带着一个比之前更好的灵魂离开。而这就体现在我们生命过程中的每一个言行念。时时心存正念，口言正语，身从正行，你的生命状态自是越来越好，你的生命正能量自是越来越丰盛，你的灵魂也自是越来越美好。

我们一直在说，活好自己，活出自己的风采，事实上，也就是让自己有更好生活，同时使自己的灵魂更加美好。灵魂若不美，人怎能活得好？怎能有光彩？

很多人误解了这层含义，以为活好自己，活出生命光彩，就是拥有和掌握越来越多的物质。事实上，深入了解就能发现，此大谬！否则，那些收入高、地位高者，就不会像普通人一样被烦恼、痛苦所困扰。那些明星也就不会去吸毒，那些处处华彩者也就不会愁眉紧锁。

岂不知，物质是那指向明月的手指，却不是明月。我们需要物质，需要金钱，是因为，在适当的时候，它可以帮助我们更好地活好自己，活出自己的生命光彩。然而，物质、金钱却不是我们活好自己、活出生命光彩本身。

就如一个漂亮的杯子，可以让我们更愉悦地喝水，然而，杯子只是实现这个过程的工具而非水本身。若我们过于重视杯子，便失去了根本。而任何实现过程的工具——物质、金钱，适用、够用、恰当即可，若一味追求它们，便被其所束缚，丧失本质。这就是一个度的问题，无过，无不及。你若用一个脏破的杯子喝水，自然会影响喝水这个根本；而你若用太过珍贵的杯子喝水，则不免无法放松喝水，享受喝水，亦是影响喝水这个根本。太重形式，往往损失根本。

如今社会，不少人刚买了新房子，住了没几年，就想换更大的房子，若是收入富余也就罢了，也算是增加社会资金流动吧。可是，很多人往往是捉襟见肘，就因为可以贷款，所以全往上冲。对他们来说，换个更好的大房子，似乎就是帮助自己脱离苦海的法宝。却不知自己掉入一个火坑，快爬出之时，却跳下了另一个更大的火坑。

小王在一家报社工作，收入尚可，他妻子在另一家媒体单位工作，收入比他还高一些。两人有一处70平方米的房子，前几年买的。孩子已经4岁，小王父母健在，与他们一同生活，帮他们带孩子、料理家务。按说这样的生活本是幸福安乐的，可是小王看着别人换了更大更好的房子，也坐不住了。自从有了想换房的想法，他越看这个家越觉得拥挤！一家5口人在　处生活，房子却只有两室一厅。于是，他与妻子商议后，决定换房子。可是，需要200多万元，只得贷款。他们卖掉现在的房子，只够付首付。而且月供就占他们两人总收入的70%。从此，他们将背着重负为银行打工几十年。

这样的事，你说是好呢还是不好呢？说好的人认为，无论如何，他们用自己加倍的辛苦，换来了更大、更舒适的房子，换来了更好的生活。可是我要问，好房子就等于好生活吗？说不好的人认为，何苦呢？现在的房子小是小点，但一家人在一起轻松生活，没那么大的压力，不是很好吗？可是我也要问，房子小、与家人在一起、压力小的大有人在，但他们都生活幸福快乐吗？所以，换房子这事无所谓好坏。更重要的是，房子大小与好生活没多大关系。这就如前面的例子一样，房子只是指向明月的手指，并非明月。舒适的房子是通向好生活的要素，但它并非好生活。我们不能因为舒适的房子能帮助我们实现好生活，就拼命追求更好的房子，却忘记了去好好生活。要知道，好生活就是好好生活。若一个人住无其屋，家无其归，自然没办法好好生活，也就无所谓好生活。然而，你若居有其屋，家有其归，一家人在一起，各得其所，那你需要的是好好去生活，而非用换房子去折腾好好的生活。

事实上，很多人把好生活狭隘化了，忘记了好生活是好好生活，好好生活包括诸多方面：合适的住所，好的家庭氛围，和谐的成员关系，合适的收入，合理的饮食，良好的家风家规、家庭教育、家庭传承、成员协作及分工、家庭文化等。好生活不过是和谐家庭的自然结果而已。若为了换更大的房子，而破坏和影响了其他和谐家庭的因素，使家庭失去了温暖和祥和，岂不是得不偿失？说到头，好生活是一种平衡艺术，是把与家庭生活相关的各个因素平衡好。归根结底，要有好生活，就要做适合自己的事，不做孤注一掷、竭泽而渔的事。

试想，小王夫妻不急于换大房子，而是丰富自己的生活，提升自己的生活品质，多好好生活，或许能收获更多幸福。例如，一家人旅游，一年多组织几次全家活动。其他各个层面都可以改善。然而，若他们换了大房子，从此被房子束缚，每月还房贷成了重要事项，生活其他方面品质自然受到影响。一家人高品质旅游也难以成行。这就如"木桶原理"，你一味加高个别长木板，整个木桶反而更加失衡，不但没有使木桶增加容量，还凭空增加了木桶的负担。

当然，从另一个角度来说，你根本不知道小王的家有多拥挤！或许对他们家来说，拥挤真的成了影响生活的第一障碍。在这种状况下，换房或许真的能给生活带来更大的提升。所以，凡事无绝对。每个人有每个人的生活方式，每个人有每个人的追求，每个家庭有每个家庭的生活方式。我们若从多个层面和角度去看问题，或许看得更明白，更能从中获得一些启示，用于检视自己的生活。

就如前文所说，每个人当下的生命状态，每一个选择，生命中的每一个发生，皆是由他的生命能量状态决定的，发生的就是必然，就是在那种状态下最合理的发生，没有好坏，没有偶然，没有对与错。在哪样的状态，一个人的生命能量注定了他在哪个时候会做哪样的选择，会走哪样的路，会遇见哪样的事，会承受哪样的果，会过哪样的生活。

当大自然的能量是秋天的状态时，落叶纷纷，万物凋谢；当大自然的能量状态是冬天的状态时，一片寒冷，万物闭藏；当大自然的能量状态为春天时，春暖花开，万物生发；当大自然的能量状态是夏天时，繁盛炎热，万物锦华。大自然如此，人也如此。

对于每个人来说，对生命能量影响最大的便是修身。修身做得好，自然生命能量状态好，否则生命负能量过多，烦恼、困难、障碍、挫折、痛苦无尽，那些增加生活烦恼的事也越来越多。

要做好修身，需做好"格物、致知、诚意、正心"。由此来说，一个人之所以有了不错的房子还会烦恼，是因为烦恼房子太小，即使背负更大的压力，也要换更大的房子，是因为他的格物、致知层面有了问题。他的意识认定，要想生活好，要想生活得快乐，就必须得有大房子。他的内心如此认定，出现相应的烦恼，采取相应的选择和行为也就是必然的事。

就如那个小偷，从小就在格物、致知层面，埋下了问题。他不知道，偷窃带来的损害比受益大，他认为顺手私自取他人之有，为我所用，是本事，是水平。心如此不正，何能修身？生命的能量状态如何能好？牢狱之灾何以能免？一切都是自然发生的。你也不要说有些不法之人一直逍遥法外，不是也没进去吗？那是因为他们的生命负能量还没积累到引发更大灾祸的地步，当最后一根稻草放上去，无一幸免。不是不发生，而是时间未到。

有的人受点凉就感冒生病了；而有的人，整天折腾，不爱惜身体，却好像没什么事，这不是真的没事，而是没到时候，长此以往，大病将是不可避免的。两种人的不同，在于其生命能量不同，能量表现方式也不同，第一种人就是小病不断，第二种人就是积累成大病。

修身是修什么？一是修我们的身体健康（身体正能量）；二是修心，修心灵正能量。而要做好这些，皆是从格物、致知开始，达到诚意、正心，终至身修，拥有良好的生命正能量。这也是做好自己、让自己的生命绽放美好光彩的重要途径。

33. 勿自束缚，其则不远

《诗经》云："伐柯伐柯，其则不远。执柯以伐柯，睨而视之，犹以为远。"当我们到树林里去找一个斧柄，总能很容易找到合适的。然而，当我们拿着一个斧柄，以此为标准，去找斧柄，瞪着眼睛，斜眼瞄视，每找一个，都觉得看起来差太远。生活中，我们无法活好自己，很大的一个障碍就是我们总以自己的标准去要求他人，去衡量外界，总以内心的期待去看待一切，又以外界的一些标准来评价自己。然而，人不同，环境不同，追求不同，性格不同，时空不同，各种因素皆不同，如何能以自己的标准去要求和衡量他人？更如何能以他人、外界的标准来评价自己？

有人电脑水平很高，自己电脑水平很差，我们不能因为这个，就认为自己不好；自己有一份不错的工作，收入稳定，压力也不太大，不能以此以为那些每天努力工作、收入也不稳定的人，就不如自己，他们就是不好的；你自己喜欢音乐，遇到一些不太喜欢音乐的人，不能以此认为他们没品位；身边有人又换了大房子，自己却还租房住，不能以此就认为自己能力差，自己生活得不好等。事实上，人各有追求，没有什么对与错，好与不好。若我们总以各种各样的标准去要求和衡量自己、他人，便永无宁日。这样的状态下，我们也在束缚自己，不断制造烦恼。

生命本自天然。每个人珍惜生命，感恩生活，去活好自己，而不是总与他人比较，束缚自己，损耗自己的生命能量，才是自然之道。

若小草总以大树的标准来看自己，则无论自己如何活，都是一无是处，生活处处烦恼，生命从此灰暗无光。而大树若总以自己的标准去看小草，便看不起小草，生出很多自大、恶劣之心来。然而，若世界上所有的小草皆不存在，大树也很难独自繁荣。再换一个角度来看，飓风过处，大树尽折，小草唯存，谁强谁弱并不绝对。所以，放下那些不适合自己的标准，放下那些总套在他人和外界之上的自我标准，如此，生命获得解放，方能自由驰骋。

生命本有无限可能，有各式各样适合我们的事物，然而，我们却往往以某些所谓的标准来衡量自己，要求他人，更关键的问题在于，那些所谓的标准大多并不适合具体时间、具体地点的我们，而我们要求他人的那些标准，也往往此一时彼一时，更何况是以己之标准来要求他人呢？这就造成了很多不必要的束缚，不必要的能量消耗。就好比鱼儿在水中游得很好，速度也很快，却偏偏看到鸟儿在天上飞，以此来衡量自己，越看自己越觉得差劲，越看鸟儿越觉得美好。到头来，既做不了在天上飞的鸟儿，也空耗了能量，无法做个好鱼儿。既不是鸟，连个最差的鸟都不是，也不是正常的鱼儿。丢失了自己，迷失了自己。

为何我们活得那么累？因为我们活得既不像别人，也不像自己。我们总按他人的标准来活，同时又以自己的标准来要求他人如何活。于是，我们在束缚中迷失了自己，同时又在看不惯他人中折磨自己。在这样的自我折磨和折磨他人中，耗费时光，辜负生命大美。只有打破框框，我们才能绽放生命光彩。

"伐柯伐柯，其则不远"，若我们能放下那些所谓的标准，只找一个顺手的斧柄，是很容易的。然而，"执柯以伐柯"，当我们非要去找一个符合标准的斧柄，何其难也？不但会耗费数倍的时间和精力，而且即使找到符合标准的，也并非好斧柄。

如今大量大龄单身青年的出现，也大多是这样的原因——"执柯以伐柯"！自我设限，自我束缚，总是带着一些所谓的标准去找伴侣，"睨而视之"，一个都不符合自己的标准，费尽了精力和时间，空无所获，还往往错失了最适合自己的人。

34. 世界与你，完整不二

我们每个人要活好自己，坚持不断成长是必需的。就如世间任何一个生命自诞生之始，就不断成长，一刻也不停止成长，直到生命尽头。不成长意味着什么？死亡！成长是活着最自然的状态，也是活着的重要体现。对于我们来说，没有是否要成长的选择，只有如何成长、以什么方式成长、以什么状态成长、成长为什么样子的选择。

事实上，那些选择不成长的人，也依然选择了一种成长方式——消亡，也可以说是"负"成长。因为生命永远是动态的，意味着能量之动，如逆水行舟，不进则退。就如一株植物，若它不成长，就意味着开始死亡。你可能要说，不是啊，那些冬眠的生命不就是停止生长、停止生命活动了吗？但是，那些冬眠的生命真的停止成长、停止生命活动了吗？其实，它们只是放慢了生命活动的速度而已，还是以相比正常状态慢许多的速度在成长。

佛教告诉我们，人来到世间是受苦的，我们每个人需要不断修行，以便离苦得乐；基督教说，人来到世间是赎罪的，我们每个人要不断忏悔，改过自新；儒家告诉我们，人来到世间就是要修身、齐家、治国、平天下，以达到身修、家齐、国治、天下太平。无论如何，这都是在说，我们来到世间就是要不断成长、不断修炼、不断改过自新、升华自己的灵魂。我们要让自己越来越好，同时让这个世界也越来越美好，所谓利己达人，兼济天下。事实上，从这样的角度来看，人生就是一场功课，就是道场，我们每个人来到世间都带着自己的各种不足，来修行自己的功课，在人生的道场中修道、行道。

所以，无论从何种角度来看，我们每个人在生命中坚持不断成长，皆是最应该和自然的事。而这也就意味着，我们每个人最大的人生使命和意义便是活好自己。这里的活好自己，不是狭隘、自私范围的活好自己，这里的自己，既包括自己，同时也包括他人，既包括内在的自己，也包括外在的世界。

我们每个人并非孤立地存在于世间。因为有这个世界，我们才有立身之地，因为有我们，才有我们所感受到的这个世界。所以说，我们与世界是我们生命世界整体的一体两面，是我们生命世界的阴阳，完整不二。

想想看，离开了世界，你能活得了吗？你得吃，你得喝水，你还得呼吸。最基本的生命支持都离不开世界，更何况你要活好自己。

35. 你的感受，你的世界

这个世界如何，大多是我们每个人自己的感受。你可以去问问别人，他们对这个世界的感受是不同的，甚至感受完全相反者比比皆是。例如，冬天来了，有的人喜欢冬天，有的人不喜欢冬天，对同一个世界，却有不同的感受，这皆源于我们自己内在世界的状态。同一个人，有的人喜欢，有的人讨厌，甚至那个人的同一个行为，有人喜欢，有人厌恶，此皆每个人对其的观感不同所致。而这些观感的不同，又源于每个人的内在世界。所以，从这个意义来说，我们每个人的生命世界又离不开自己。因为，当我们自己不存在了，我们的内在世界和外在世界，皆不存在。

你可能会说，不是啊，一个人若不在了，世界不是还好好在那里吗？没有因哪个人不在了，世界就消失了。确实如此，可是，你不存在了，依然存在的世界还是你所感受到的那个世界吗？你所感受到的世界只因你的感受而存在，你不在了，那世界自然不存在了。所谓依然存在的世界，只是他人的世界，与你感受到的有所不同，也与你无关了。

每个人都有自己的感受，都有自己看待问题的角度，正所谓"横看成岭侧成峰，远近高低各不同"。我们每个人的人生、世界，因每个人的心灵能量状态——内在智慧，及身体能量状态——身体健康，所影响的感受及外观角度不同，因而变得世象万千。

一个内心多次受到伤害的人，感受到世事险恶；一个身体罹患绝症，被病痛折磨的人，感受到世界灰暗；一个内心智慧具足、慈悲宽容的人，感受到世界的光明美好，充满希望；一个身体健康、身体能量充足的人，感受到的世界大多是丰富多彩、阳光灿烂的。

想想看，为何我们绝大多数人的童年都是美好的？世界还是那个世界，事实上，这个客观世界中的很多东西越来越好，可是，随着年龄的增长，我们却越来越少感受到世界的美好。这便源于孩子的身体能量是充足的，阳气充足，血脉畅通，孩子的心灵更纯净，少有阴暗、负面的能量。孩子在这样的身心能量状态下，感受到的世界大多是美好的、有趣的、丰富的、充满希望的、快乐的、阳光灿烂的。

再看看孩子，犯了错误，难过几分钟，很快就重新快乐起来，似乎不好的事未曾发生过。而大人呢？犯了错误，会难过很久。一个孩子被人骂了，难过极了，伤心地哭泣，可是，没几分钟，他们又欢笑起来，他们的世界充满着快乐和美好。难过？那是极少的事。而大人呢？遇到这样的事，不知道要伤心、愤怒、痛苦多久，给身心造成伤害，甚至会阴暗地用相当长的时间去仇恨。

稍加对比和了解，我们就能看到不同，一方面，孩子的身体能量状态更健康，这决定了他们更容易感受到生活之美好；另一方面，孩子的心灵纯净，他们内心充满阳光和美好，这让他们更容易从美好的角度去感受世界。于是我们看到，孩子的世界都是快乐的，少有烦恼，而大人的世界多充满烦恼、痛苦。

世界是同样的世界，可是，对孩子和大人来说，却是不同的世界。你可能会说，不是啊，孩子的世界比较简单，没有压力、没有负担，而大人的世界复杂多了，有各种生活压力。事实上，这依然是孩子与大人的身心能量状态不同的结果。孩子们的世界简单，因为他们的心灵纯净、阳光、正能量；孩子的生活没有压力，因为他们从来都是活在当下，不牵挂过去，不贪念未来。客观地看，孩子也是有压力的。例如，他们的行为都有大人监管，他们要把学习搞好，每天还要完成老师、大人安排的各种作业、家务、任务。再看看，在现代社会，孩子可是比上班族起得都早。然而，孩子依然充满快乐、美好地生活着。

所以，我们的身体能量状态、心灵能量状态，影响我们看世界、感受世界的角度和方式，并过滤我们感受到的世界信息，最终影响我们感受到一个怎样的世界，这又影响我们以怎样的方式去生活，我们的生活方式又反过来影响我们的身体能量状态、心灵能量状态，如此循环往复。

我们要活好自己，就得不断觉察自己的生命总是以怎样的角度和方式生活？觉察我们如何感受这个世界，如何感受生活？由此，去慢慢调整和修正，让自己尽量以美好的角度去感受世界和生活，以美好的方式生活。

36. 爱不强求，追随本心

　　电影《万物理论》讲述了物理学家史蒂芬·霍金的故事。史蒂芬与自己的第一任妻子简·王尔德相识、相恋于共同就读的剑桥大学。刚开始，史蒂芬·霍金还是身体健康的，他与简·王尔德相识、相恋后不久，身体开始出现问题。他患上了会使四肢麻痹，逐渐失去整个身体运动能力的卢伽雷氏症（即肌萎缩性脊髓侧索硬化症），当简·王尔德知道了这一情况后，不但没有离开史蒂芬·霍金，还坚定地与史蒂芬·霍金结了婚。接下来的生活越来越艰难，即使简·王尔德曾经预先对严重的后果有所准备，但生活的艰难还是出乎她的意料。史蒂芬·霍金的身体越来越差，直到后来完全动不了。要知道，那么多年，作为一个女子的简·王尔德，每天都要一个人努力打理一切。你可以想象，史蒂芬·霍金完全失去自理能力之后，吃喝拉撒等所有一切都要她来打理，这放在你身上，你能想象那有多么艰难吗？甚至，有一次史蒂芬·霍芬因为肺炎感染昏迷，医生见到简·王尔德后，问她是否要在史蒂芬·霍金昏迷时拔掉呼吸机，这样可以没有痛苦地结束生命。因为他看到史蒂芬·霍金现在的状态是艰难的活着。简·王尔德坚定地说，史蒂芬·霍金必须活着！于是，她坚持让医生给史蒂芬·霍金做了喉部气管手术，这样可以避免史蒂芬·霍金因窒息而死，但也从此失去了说话的能力。在简·王尔德这样的坚持之下，史蒂芬·霍金活下来了。也因为简·王尔德的这一决定，才有了我们后来所熟知的物理学家史蒂芬·霍金及其大作《时间简史》。但是，你要知道，简·王尔德的这一决定，是在已经充分感受到生活重压之下做出的。那个时候，她因为生活压力，经常情绪低落。

　　也就是在这一时期，她听从了母亲的建议，参加了教堂唱诗班，以缓解自己内心的压力。在这段时间里，简·王尔德认识了乔纳森，两人心生好感。乔纳森来到他们家帮忙，这给简·王尔德的生活减轻了不少压力。因为乔纳森承担了很多照顾史蒂芬·霍金的体力活，还帮助他们教孩子音乐。

史蒂芬·霍金也一点点意识到了这一变化，但他很大度，他知道自己现在的状态已经很难为简·王尔德了，简·王尔德对自己也是非常好了。

最终的结果是，史蒂芬·霍金找了另一个欣赏他的人照顾自己，成全了简·王尔德与乔纳森。当史蒂芬·霍金说出这想法的时候，简·王尔德说："我曾经非常爱你，并且也尽了最大的心力去爱你。"史蒂芬·霍金极为感动。因为他知道以自己这样的状态，换了任何一个人，都不见得能如此爱他到现在。

面对这样的结局，有人说简·王尔德移情别恋，说简·王尔德负心，在这样的状况下，离开了史蒂芬·霍金。然而，若我们从另一个角度来看，简·王尔德已经是一个很伟大的女人了，极少有人能做到她所做到的一切。可以说，没有简·王尔德，就没有后来功成名就的史蒂芬·霍金。也可以说，因为她的坚定之爱，才让史蒂芬·霍金发挥和展示出自己生命的能量和光辉。

从简·王尔德的角度来说，爱上别人，离开史蒂芬·霍金，也没有好坏、对错。因为她曾经深爱，无论遇到什么困难都依然与史蒂芬·霍金走到一起，而后来有一天她无法再爱他了，并且有人能照顾他了，她就离开了，这一切都是自然地发生。若她强求自己一定要与史蒂芬·霍金白头，结果只能是自己痛苦，史蒂芬·霍金痛苦。所以，你会发现，自然的发生、自然的结果才是相对来说最好的。所有强求的东西皆可能是痛苦的。

我们一定要学会从多个角度去看任何事情，方能看到真相，也才能少做那些刻舟求剑、缘木求鱼的强求之事。简·王尔德曾经爱史蒂芬·霍金，现在不爱了，离开是自然的发生，而史蒂芬·霍金此时也遇到了另一个更欣赏他此阶段生命状态的女人，于是，他选择让她照顾自己，这也是自然的发生。而对于每一个自然的发生，我们要懂得用心去做好。简·王尔德爱史蒂芬·霍金的时候，用心爱他，真心爱他，这就够了，她的生命里没有强求，她一直在追随自己的本心生活。

这世间，没有什么是必然的，没有什么是绝对好的，或者绝对不好的。

对于我们每个人来说，追随自己的本心，用心活在当下，让一切自然地发生，顺势而为，方能活好自己。一切事物都有因果，你从一个角度去看，认为合理的，就去做，只要能坦然接纳所对应的结果即可。

我们内心无法认可、无法接纳的事，只因为我们从狭隘的角度和层面看事物，又过于执着自己，才有了好坏之分。事物皆是中性的，它呈现出什么，往往取决于我们以怎样的角度去看，去感受。所有的好与坏、善与恶、美与丑，皆是我们自己所下的定义，而这些定义在现实生活中往往形成形形色色的阻碍，最终把我们困于其中。于是，出现了无尽的烦恼、痛苦，无力自拔。我们只需要打开心量，开阔眼界、心界、意识界，放下执着的东西，那些束缚便顷刻消于无形。

37. 你的境遇，你的能量

2014 年，央视新闻报道广西北海聚集了大量传销人员，很多传销受害者对着镜头诉说自己如何上当受骗，很多人明知道自己上当了，却依然不知退出。有些人被派出所抓去教育，放出来后继续进行传销。记者报道了很多传销组织者的高明花招，派出所民警也抱怨这些人难处理。这些人中有各个阶层和文化水平的人，有白领、公务员，甚至还有博士、海归、企业主。为何会如此？根源在于人性之贪，在于人性中的不劳而获心理。

只要人有贪念，骗术永远可以得逞。所以，从这个角度来说，不是那些骗子可恨或者骗子多么高明，而是人的贪念促成了这一切的发生。这就是所谓的"最牢固的城堡，不是被从外打破，而是自内瓦解"。《黄帝内经》中说：正气存内，邪不可干。那些人之所以上当，是因为他们内心存有贪念。

现实生活也是如此。当你遇到了不顺利、不好的人事物，先不要去抱怨外界，指责他人，请先审视一下自己的内心，是否有"内贼"？

无数的事实证明，只要我们时时保持觉察，不断补充内心的正能量，勿让负能量占据内心，那些不好的人事物，不好的发生，对我们生活的影响便少了。

事实上，很多人事物本身并无绝对的好与不好，往往是因为我们自己的生命能量状态使其最终呈现出好或者不好的一面，更确切地说，是我们感受到好或者不好的一面。从另一个角度来说，这也是能量频率共振的结果。若你的生命充满正能量，你的生命处于相应的振动频率，与这个频率相同的人事物皆容易被吸引而来。反之，若你的生命有过多负能量，你的生命能量频率必然极容易吸引那些与这负能量相同频率的人事物。当你坚持以正能量生活，全身心地喜悦、感恩，你遇见的人大多是美好的，发生在你身上的事也大多是顺利的。

有时候，也可能会发生特殊情况，你全身心地喜悦，却遇到了不好的发生，这并不是说你此时的正能量无效了，而是此时这个不好的发生，是你过去的负能量所种下的种子此时开花结果了而已。我们生命中的一切就如在土地上耕种一样，此时播种并不会马上收获，而是需要一段时间。而此时收获的皆是过去的播种。

即使遇见了不好的发生，这个发生最终对你的生命产生什么样的影响，也是由你当时的生命能量状态决定的。

例如，你正跟一个客户交流，一个朋友走过来不客气地对你说："我真看错你了，你太不够朋友了！"说完扭头气呼呼地走了。这个发生对你产生的影响，与事件本身关系不大，关键是你当时的生命能量状态。若你当时处于负能量状态，便会没好气地回应："我还看错你了！"心想，还朋友呢！明明看到我跟客户沟通，一点面子也不给我。从此不再理这个朋友。而那客户也因为你的表现而比较尴尬，感受不佳，你可能因此丢了这个单子。

若你当时处于正能量状态，你会笑笑安慰朋友："我可没看错你，呵呵，我有什么不妥之处，一会儿你跟我说，我请你吃饭，如何？这会儿我正跟客户沟通呢，稍等哦。"你再回头对客户笑笑说："抱歉，一个好朋友，没事儿！我们接着说吧！"客户看到你这样从容，也定然不会有不舒服之感。而这个发生对你的负面影响也会极少。

所以，是你的生命能量状态决定了一个发生最终是正向的，还是负向的。

再如一株植物，生命能量充足，长得强壮，风雨天气对它是有助益的，使它长得更强壮，最终结出硕果；同样一株植物，若其生命能量较弱，长得不够强壮，可能一点风雨、一点干旱，就成为它命运的终结者。

所谓"天将降大任于斯人也，必先苦其心志，劳其筋骨，饿其体肤，空乏其身，行拂乱其所为"，对那些生命充满正能量的人来说，自会达到"曾益其所不能"，而对于那些生命正能量不足甚至很多负能量的人来说，结果可能是使其消沉、颓废，增其抱怨，激其怨恨。例如，那些怨恨世界，对他人充满仇恨的人，皆是因为他们的生命在负能量状态下经历了困境、逆境、打击。

我们经常听到一种说法：苦难是财富。这是对的还是不对的？事实上，这句话本身没有问题。一旦我们对这句话执着了，就出现问题了。因为任何观点和说法都是有情境的，所谓那时、那境，时空不同，心念不同，一切皆变了。对于那些生命充满正能量的人来说，苦难确实是他们的财富。他们在苦难中成长，因为苦难，他们变得更加优秀和强大，苦难成为他们极好的老师，帮助他们蓄积生命正能量、智慧。然而，对于那些生命充满负能量的人来说，苦难仅仅是苦难，让他们的生命正能量越来越弱，甚至是雪上加霜，形成毁灭性打击。

同样的，顺境是好的还是不好的？有人说，顺境是不好的，因为顺境往往让人停止成长，变得麻木。其实，顺境与逆境一样，同样也没有真正的好与不好。顺境助益还是损耗我们的生命能量，皆决定于我们的生命能量状态处于什么水平？是正向，还是负向？同样的顺境，有的人生活得美哉自在，有的人却觉得生活得无聊，甚至走向自我堕落。那些纨绔子弟，不务正业，游手好闲，走上犯罪之路就是明证。他们有着多少人梦寐以求的条件和资源，却没让这些成为生命的助力，反而成了生命成长的障碍。

所以顺境可以害人，逆境也可以害人；顺境可以助人，逆境也可以助人。究竟会有怎样的结果，全在于每个人自己的生命能量是正向还是负向的。

38. 是益是损，你来呈现

有一个人住在河边，河对岸有一片桃园，每天他饿了，就花一个小时蹚过河，到对岸摘桃吃，吃饱蹚过河回来。有一天，他在桃园中遇到了一个人，那人告诉他，你不必这么麻烦，你只要多摘些桃带回去，这样就不用费劲每天来这里摘桃吃了。这个人听了，非常高兴，他吃饱，又多摘了一些桃带回去。果然第二天有得吃了，不用再到河对岸去摘了。

第三天，没吃的了，他又蹚过河来，正准备摘桃，恰好又遇见了那个人，那个人又告诉他，你不用这么麻烦，你可以一次再多摘一些嘛，能带多少带多少回去，这样你只需要一周，或者一个月来摘一次，就可以了。这个人听了，觉得非常有道理。于是，他摘了足足一大口袋桃，背在身上带回家。然而，因为太重了，那袋桃压得他矮了一半还多，当他蹚到河中央时，就沉入水中，再也没有出来。

我们是不是也犯过这样的错误呢？一方面，我们总是贪心过多，以至于把自己压垮；另一方面，他人给我们很好的建议，往往因为我们智慧不足，缺少生命正能量，反致损害。

那个人给摘桃人的建议并非不好，而摘桃人最终因为这个建议而遇害。这一是因为摘桃人自己生命能量不足所致。二是他分辨不清什么是适合自己的，自己能承受多少，自己需要多少……最终，一个本是帮助他的建议，反而害了他。

所以说，要活好自己，就先不断补充自己的生命正能量，让自己的生命常常处于正向的状态。如此，很多发生方能成为我们的助益，而非障碍，并且他人帮助我们的行为，能够真正助益我们，而不至于帮倒忙。

从这个角度来说，若我们的生命总是处于负能量的状态，那些帮助我们的人，帮助我们的力量，都无从着力。因为只要他们一帮助，我们就会把这些帮助导向负面。表面看起来是他人没有更仔细、更全面地帮助我们，实际上是我们的生命正能量不足，把各种事件皆演绎到负向上去了。

生命能量包括心灵能量和身体能量。身体也是如此，若我们的身体能量处于负向，即使本是助益的食物，到我们这里，就会有害。例如，我们都知道多吃水果有益身体健康，然而，若我们身体能量状态不好，阳气不足，脾肾虚寒，那么，越多吃水果，脾肾越寒，身体阳气越不足，最终可能出现病变，如怕冷、感冒、腹泻、腹痛、肠胃方面的问题，泌尿系统的问题，甚至心脏的问题等。

然而，对身体能量状态不错、脾胃强健、阳气充足的人，或者身体能量状态阳气偏多、内热多的人来说，多吃水果对他们却真的是助益，会让他们的身体状态越来越好。

再如，运动有益于身体健康，这是人所共知的。然而，对于那些身体气虚之人，运动对于他们来说却益处不大。身体气虚的人，本就整个身体动能就不足，多运动的结果往往是动能越不足，表现为越动越乏力、越动越想休息、越动越犯困。而对于那些身体能量充足的人来说，运动能促进气血运行和新陈代谢，这类人越动越精神，越动越舒服。所以，同样是运动，对身体好还是不好，不取决于运动，而取决于我们自己的身体能量状态。

那些气虚的人，除了本身就容易乏力，还很容易出汗。也就是说，他们稍一运动就会出汗，适当加强运动，往往大汗淋漓，这更伤身。因为汗为心之液，汗本是血液中的一部分，为了调节身体，而以汗水的形式通过毛孔排出体外。之所以容易出汗，是因为身体管理皮肤的毛孔开合，身体气虚之后，卫气也虚，毛孔开合便会失度。我们往往认为汗是身体的废物，多出汗有益。事实上，适当出汗有益身体，而太容易出汗、出汗过多，却会损害身体健康。所以，那些动不动就出汗的人，我们往往说他们是出虚汗，那些人也确实较虚。例如胖子多汗，十胖九虚；或者是瘦人多汗，越出越阴虚，所以越来越瘦。

所以，同样的东西，大家吃了没事，很舒服，而吃了会不舒服的人，往往不是那东西不好，而是他们的身体能量有问题。

身体的能量状态会影响我们感知外界。例如，一些人总感觉口中酸酸的或者会出现口苦的情况，事实上，并不是他们吃了什么酸的东西或者苦的东西，而是身体能量出了问题。当身体的收敛能量不足，肝阴不足时，往往喜欢吃酸的；当身体心火过多时，往往喜欢吃咸的；当身体脾虚时，往往很喜欢吃甜的；当身体肾能量被脾土能量克制（土克水）时，往往喜欢吃咸的……当身体脾胃运化受阻，脾气不升，胃气不降时，往往会出现口发酸、发甜的状况；当身体有肝胆郁火时，往往会出现口苦……这些感受的变化，往往会影响你吃东西的味道、感受。例如，身体脾胃不好，吃什么都不香，胃口差。可能以前很喜欢吃，此时就吃得没什么味儿。

再如，当你身体肺阴虚的时候，你的皮肤会变得干燥，即使用了滋润的护肤品，改善也不大，即使你以前用这个护肤品觉得很好。并不是这个产品变了，而是你身体的能量状态、身体的环境变了。例如，同样是秋冬季节，有的人皮肤异常干燥，干燥得起皮屑，一层又一层；而有的人却皮肤滋润。所以说，很多问题的产生原因，外界环境、外部因素往往只占三成，七成是内部原因，是我们自身的能量状态问题。

有些人总感觉心中不畅快，很难感觉到光明，总感觉有什么东西堵在心中。什么事也提不起兴趣，这类人往往是肝肾能量有问题，若肝气郁滞，人会情绪异常，容易郁闷，生气；肝阳过旺，容易焦虑不安，易发火，脾气大。所以，对肝能量异常的人而言，遇到同样的一件事，肝能量正常的人没什么，肝能量异常的人就生气、郁闷、发火了。除了性格方面的因素，肝能量的状态影响巨大。其实，有些人之所以有这样的性格，也是他们的身体系统中，肝脏能量一直处于某种不平衡状态而致。

你可能会说，性格如此，怎么会是身体能量状态的影响呢？事实上，身体是心灵的居所，我们的心灵以身体为载体活于世间，行于世间，经历世间的一切，而所有的感受也是通过身体进行的。虽然心灵是身体的主人，心灵能量状态可以影响身体的能量状态，甚至影响身体的健康，反过来，身体能量状态、身体健康状态，同样也会影响心灵能量状态。

39. 外面问题，全在于你

有一个人总看到对面邻居的窗户玻璃很脏，有一次，他刚好遇见那位邻居，忍不住告诉对方，应该擦擦窗户。可是，邻居二话没说，拉着他往自己家走，走到窗户前，邻居指指对面的窗户，原来，邻居的窗户玻璃擦得很干净，而对面的窗户却很脏。原来，这个人一直看到很脏的窗户，是自己的窗户，使他看到外面的所有事物都是不干净的。

我们的心灵也是如此，当身体能量出现问题时，我们感受到的世界也会是异常的。很多时候，我们感受到的很多不美好，往往不是外界出了问题，而是因为身体能量失衡所致。

例如，冬天的时候，有的人冷得不行，手脚冰凉，浑身怕冷，总说这天气太冷了，冻死人了。事实上只是初冬，温度还不太低，并不算冷。其实是那些怕冷的人，身体阳气能量不足，气血能量不足或者不畅，给了他们这样的感受。即使炎炎夏日，有些人也依然不觉得太热，而有些人却热得不行了，吹电扇依然汗流不止，烦热异常。同样是夏天，两者感受的不同，并非天气之故，而是自己身体的能量阴分不足所致。

所以，很多时候，我们感觉生活难过，日子苦闷，或许并非生活真的不好过，日子真的很无趣，而是我们身体能量状态及心灵失衡所致。这就如我们的心灵住在了一所破旧、脏乱的居所里，通过这所居所，心灵所能感受到的世界只能是脏乱、破旧的，所谓心外无物。

很多女性在生育过程中很容易得抑郁症。这并不完全是因为这些女性所处的环境不好，也不完全是因为这些女性的家庭不睦，往往是因为她们哺育孩子耗费了大量身体气血能量，致使身体处于气血不足、肝肾能量不足的状态。我们都知道，气血能量不足，身体肝肾不足，对于情绪的影响非常大。阴虚不足，则容易生气、焦虑、不安等，肾肝不足，则情绪容易低落，敏感脆弱，负面消极，情绪波动大。身体的能量状态让心灵能量总处于不好的状态，有了这样的身心内因，外部家庭环境、夫妻关系稍有偏差，便无异于火上浇油，干柴烈火，一点就着。而这些女性表现出来的过多负面情绪，又使家庭氛围紧张，夫妻关系出问题，这又反过来进一步影响这些女性的情绪，而不良的情绪再次影响身体气血能量及脏腑的正常运行……如此恶性循环，终到患抑郁症的地步。

这一切都不过是因为身体能量出了问题。身体气血能量、肝肾能量不足，给抑郁症提供了良好的生长土壤，让这些女性的负能量迅速生长。

类似的还有更年期综合征。很多人到四五十岁，性格异常，脾气变差，致使家人如履薄冰，谨小慎微，家庭气氛紧张。你去问问这些人，他们一定会说，他们也不想这样，但就是控制不住脾气，控制不住情绪，不自觉地感觉不爽、不畅快，一点就着，很容易生气，家人一句话，他们就火冒三丈。甚至有些夫妻因此闹到离婚的地步。其实，这些人确实冤枉啊！很少有人知道，并不是他们人变了，性格变了，心变了，而是因为身体能量出了问题。更可惜的是，很少有人会去找中医调理身体能量状态。

不过，任何事物都不是一下子发生的，都有一个过程。例如，那些得产后抑郁症的人，往往在没生孩子之前，就有身体气血能量不足的状况，甚至很多人多年来一直处于身体气血能量不足的状况，如经常乏力、胃口不太好，情绪不太阳光，月经期间不适，如腹痛、腹胀、腰酸痛等。而她们从没正视这些问题，及早调理，致使问题越积累越严重。最终，在生育过程中耗费大量气血后，出现病症。那些得更年期综合征的人也是一样，身体能量不足的问题积累了很多年，经常出现乏力、多梦、腰酸痛、腿酸软的情况，他们却很少在意并采取措施，更别说调理身体了。这类人采取的措施往往是能拖就拖。毕竟这些都不是大问题，都是忍忍就能过去的。于是，一拖好多年过去了。终致全身上下、身心内外各种不适。

事实上，所有能量失衡问题都是经历了一个慢慢积累的过程，终致恶果。我们的身体是一个极智能的系统，每一个能量失衡，都会有相应的信号反馈出来。若我们能读懂这些信号，及时采取措施，调整好身体能量平衡，便能避免很多不必要的问题和麻烦。

总之，我们应明白，很多时候，我们生命中出现的一些问题，往往并非外界、他人真的有问题，而是我们自己出了问题，是我们的生命能量失衡所致。面对一个发生、一个问题，我们需要先学会检视自己，看看自己的生命能量何处出现了偏差，是身体出现了能量失衡，还是心灵出现了能量失衡，及时调整这些失衡，让身心恢复平和，一切往往会向好转变，生命的阳光、希望和美好也将一点点重现。

40. 苦海有岸，调理身心

看看现代社会，各种心理问题层出不穷，除了现代人生活压力大、竞争大之外，更重要的原因是现代人使用太多电子设备，晚睡、饮食混乱，不断损耗气血，肝肾压力大，能量损耗过多，终致身体气血异常，肝肾不足。而肝主情志，肝肾能量异常，自然极容易出现情绪、心理方面的问题。还是那句话，我们现代人的生活不断为负面情绪、心理问题制造生长土壤，这类问题自然层出不穷。

再了解一下会发现，绝大多数心理问题很难通过心理治疗彻底治愈。相关数据表明，80%被治疗的心理患者，一两年后会复发。于是，现代的心理治疗往往会采用不断口服化学药物的方式来控制病情。然而，这样做的后果是，患者需要一直吃这些化学药物，并且产生依赖性。更坏的结果是，经常吃这些药物还会有乏力等副作用。由此我们看到，这样治疗的结果只不过是控制症状而已，并没有真正治好患者的身心，使其恢复身心健康愉悦。

我们发现，现代心理学与现代药物学一样，都是来源丁西方，而西方人的方式往往是以解决具体问题而出发的，这种方式的结果就是，所有的方式都指向问题本身，而很少看到问题背后的根本，只看到局部，很少看到全局，只看到看得见的物质，忽视看不见的能量。每一次技术的进步，往往是把局部看得更清，而离全局更远。于是，问题越研究越复杂，解决问题的方法也是越发展越复杂。例如，西医医院有多少科室？恐怕一般人很少记得清吧？疾病越分越细，医生越来越专。

举个最简单的例子，拉肚子去看哪个科呢？很多人直接去看消化内科，可是，引起拉肚子的原因很多。如肝能量异常的人，也会出现无规律的拉肚子症状。所以，如果是肝脏引起的拉肚子，你看消化科，往往长时间看不好。

为何肝出问题，会拉肚子？因为按中医来说，肝与脾胃是相克的关系，若肝出问题，如肝脏湿热蕴积，会克脾胃，出现腹泻。你只要了解一下就会发现，这类人经常情绪不好，脾气不好，爱生气，经常有口苦的现象。这都是肝能量异常的表现。

很荣幸，我们生在中国这样一个美好的国度，无数先哲智者为我们留下了大量优秀的文化智慧，而这些文化智慧大多都有一种对宇宙、对生命的全局观。学习和继承这些文化智慧，有助于我们更好地看清宇宙万物，看清生命真相，看清问题本源。

传统的中医是不分科的，因为中医认为我们的身体是一个整体，任何一个问题的出现，皆是五脏六腑能量失衡所致，不能只看那个具体的问题症状，而无视身体整体系统。于是，你会看到，调脾胃的药方中往往有调肝的、调肾的、调肺的药物成分。就简单的脸上长痘问题，西药往往只看到脸上的皮肤，给皮肤消炎，这样的结果是此消彼长，永无宁日。而好的中医会看到脸上长痘背后的能量推手，是五脏六腑中何处出现了能量过剩，还是何处出现了能量郁滞。能量过剩的，清泻之，能量郁滞的，疏导之；还有一些是因为虚火上升，就要采用敛降虚火，同时补火调阴，调和阴阳。这就是生命全局观的解决问题之道。面对问题，中华传统智慧往往采用道与术相结合的方法，标本共治，以平为期。

同时，我们的中医智慧早就看到了身体除了物质，还有看不见的能量，即阴阳共同组成。于是，解决问题的时候，往往从物质和能量层面同时解决，这样可以取得良好的效果。

例说，有些人的额头经常出油，还可能会长一些小小的疙瘩。时间长了，这些地方的毛孔往往会越来越粗大。于是常常会被推荐去油的护肤产品。但用了会发现，这些产品确实会去油，但额头还是不停地出油，问题永远得不到真正解决。有些人的皮肤甚至会长出许多所谓的"黑头"。这都是因为身体能量总往上冲，上升能量过多，而敛降能量过少所致。我们身体的能量需要顺畅循环，而上升的能量过多，能量敛降不及时，就会造成能量在身体上部郁滞，尤其是头部。因此，这些郁滞的能量通过各种方式释放，有的人表现为上火，如慢性咽炎，口腔溃疡，口舌生疮，掉发及各种脸部皮肤问题。

很多护肤产品都只是针对皮肤症状，而没有解决整个身体能量循环的问题。所以，无法彻底解决皮肤问题。

若这些小问题长期得不到改善，慢慢会使身体出现能量上冲之势，上盛下虚，上热下寒。要知道身体的热能本就属阳，阳者主升，阴者主降，阳能量本就容易往上走，现在身体的能量系统还敛降不及时，不就是让阴阳分离吗？《黄帝内经》说"阴阳离决，精神乃绝"，阴阳越来越分离，那人的生命活力也就逐渐走向尽头了。

这就好比烧开水，水在上，火在下，火能量往上走，使水变热。现在火跑上面去了，水跑下面来了，这水自然无法烧开了。看看那些上盛下虚的人，身体下部分怕冷，而上部分却老容易上火，就是这个道理。

很多时候，我们知道心是身体的主宰，一个人有怎样的心，就会借由身体做出什么样的行为。我们也知道心能转物，心能转境。然而，却很少有人知道，身也能转心，身也能乱心，这从何说起呢？

一位朋友本是性格很好的人，后来因为工作变动，经常需要上夜班，随着时间的推移，他的妻子发现他越来越难相处，脾气越来越坏。经常因为一些小事生气，发脾气。孩子也说爸爸现在脾气很差，没以前好了。由此造成家庭氛围常常紧张，夫妻关系也越来越不和谐。他妻子向笔者说起，希望笔者帮忙。

后来，笔者与那位朋友一起吃饭，问起他的身心状况，他说近一年来，自己经常感觉身心不畅快，总感觉有什么东西压着，很容易生气。有时候自己也不知道怎么回事，因为一点点小事就向家人发火。每次事后都知道自己不应该，但又控制不住自己。经常感觉心烦，睡眠也越来越差。

我问他是否有口苦的状况，他说每天早上起床感觉有点；再问是否经常感觉口渴，想喝水？他说现在每天都要喝几杯水，否则会感觉口渴；问胃口如何？回答比以前差了；问是否感觉容易乏力？回答是。最后，把把他的脉，发现确实有阴虚，因为阴虚，造成肾水无法涵养肝木，肝阳盛。肝主情志，自然脾气越来越差。而肝木又会克脾土，造成胃口不好，吃饭不香。肝肾胃皆能量异常，当然整个人容易乏力。身体能量失衡，很难再有和谐愉悦的心境。就出现了他的家人所感受到的越来越难相处的情况。

后来，帮他调理身体能量状况，益肾柔肝，滋阴补血，疏肝健脾，调和气血与阴阳，慢慢恢复了正常。另外，让他想办法调整工作，不再上夜班，不熬夜。几个月后，见到他们夫妻两人时，他已经判若两人。问起身心状况，说感觉心里畅快多了，以前总感觉心里压抑，现在感觉亮堂许多，精神状态也好了，少有乏力，睡眠也好了，心烦的状况也没有了，胃口也改善了。问他妻子，他妻子喜笑颜开，说确实好多了，不再乱发火，现在家里的氛围和谐多了。

虽然性格脾气是天生的，是由长时期的习惯及心智决定的，但身体的能量状态确实可以影响甚至改变一个人的脾气。因为身体是心灵的居所，若这个居所出了问题，心灵感受自然会失常。例如，若是正常的居所，心灵通过它感受到的外界是正常的，现在居所出了问题，那窗口上的玻璃变成了火红色，心灵通过这个窗口看到外面的世界一片火红，以为着火了，自然紧张起来，甚至控制身体采取一些必然的措施。就如上面那个事例中，丈夫因为身体能量出现问题，一件小事就火冒三丈，这就是他的心灵透过不正常的身体，产生了不正常的感受所致。

所以，必须懂得，对于我们普通人来说，身体和心灵同等重要。我们要有好的生命状态，要活好自己，拥有健康的身体，和谐美好的心灵是必需的。当你遇到烦恼，总感觉生活不美好的时候，要先检视自己的心灵能量状态，同时检视自己的身体能量状态，看看是身体还是心灵能量失衡了。找到根源并及时调理好。

人活着，就是总在从生到死的路上，走在生命进化、灵魂提升的路上。虽然这条路是从生到死，但更重要的使命是生命进化、灵魂提升。我们通过不断在问题中觉知，觉知后调整，使自己的生命能量状态维持平衡——调整身体能量平衡，增加心灵正能量，更顺畅地行走于世间，以更美好、更愉悦的状态体验生命之旅，活好自己，完成生命进化、灵魂提升，绽放自己美好的生命光彩。

41. 父母遗传，核心能量

为了讨论清楚题中之意，我们先从讨论身体五大系统的能量状态开始。

第一，遗传能量。

说到生命能量——身体能量、心灵能量，我们不得不说遗传的问题。当一粒种子成熟，从母体上分离出来，它被赋予的生命能量，很大程度上决定了它将来长成什么样。即使生长环境、气候对其生长也起着决定性作用，但种子本身的生命能量状态却是先天性的、基础性的、决定性的。这也就是为什么我们的农业科技要不断培育优良种子、不断优化种子。

种子本身是先天的，生长环境、气候、耕种方式是后天的，它们同样重要，共同决定着植物的生命状态。同样的，我们每个人的生命也一样，父母的遗传、后天的成长环境、后天的主观能动性，共同决定了一个人的生命状态。

对于一个普通人来说，父母的遗传影响往往是巨大的，这里所说的遗传，除了身体能量状态的遗传，还包括心灵能量状态的遗传（影响）。所以有了那句：什么样的父母生出什么样的子女。

事实上，我们每个人自己也能感受到这种巨大的能量遗传。例如，父母得什么病，子女也容易得类似的病，父母是什么样的体质，子女往往也有相似的体质；还可以看到，父母喜欢什么、做什么，子女也喜欢什么、做什么（你可能会说一些人讨厌父母所喜欢的，要知道，那往往是逆反，并非正常状态，当他们自己组成家庭，你就会看到，他们的喜好与父母多么类似）；父母的婚姻是什么模式，子女的婚姻模式往往也很相似……这样的例子太多太多。

除非一个人有极为特殊和不平常的经历，可能会冲淡和改变父母的遗传能量，从而他们的生命能量状态与父母大不相同，生命状态也与父母大不相同，否则，绝大多数普通人往往都以父母曾经的模式过着不同版本的相同生活。

因为，父母给了我们每个人身体，这个身体的能量来自父母，起始的生命能量状态自然与父母相似。我们的身体在这样的生命能量状态下一点点成长，而我们的心灵又在父母的影响下萌芽、长大。于是，我们像我们的父母是很自然的事。

与其他生命不同的是，人都有一个离开家庭、进入学校和社会学习的过程，这一过程或多或少会改善和弥补父母所遗传的生命能量状态中的不足。而事实上，很多人也是因为通过在外学习工作，改变了自己的命运，过上了与父母不同的生活。

然而，一个更重要的问题是，父母遗传给我们的生命能量，作为点燃我们生命的起始能量，往往处于我们生命整体能量的核心，也就是说，父母遗传给我们的生命能量属于核心能量，若这些能量本身存在什么失衡，是很难改善的。这也是为什么那么多人通过后天不断学习、成长，过上了比父母更好的生活，却依然无法摆脱与父母同样的烦恼、痛苦及生命状态问题。

有很多人，父母是农民，他们通过自己的努力在城市定居，有了不错的工作，衣食无忧，然而，生活中那些困扰他们的问题，如身心健康、夫妻关系、家庭关系等问题却与父母所遇到的问题十分相似。这是因为，我们绝大多数人的言行念都是不自觉进行的，而这些不自觉进行的言行念很大程度上受生命核心能量的影响和控制。

例如，一个人的父母有肥胖问题，很能吃，他自然而然很容易如此。即使他后天通过学习知道了更多健康生活的知识，并尝试改善和避免肥胖问题，但每每控制不住自己。有时候，控制住了，做到了，没多吃，控制了体重，但有时却失控，放开大吃，体重一下子全回来了。可以看到，父母肥胖的，子女大多容易肥胖，而且很少有人能控制住自己减肥成功的。即使有些人暂时控制住了体重，放长年限去看，体重还是回去了。肥胖、能吃，永远是他们生命的常态。当然，任何事情都有特例，那些极少数的特例另当别论，不在此讨论范围。

第二，身体能量系统。

若从身体本身去看，就能看得更明白。我们所谓的身体能量状态，其实就是身体系统"心、肝、脾、肺、肾"五大脏腑系统的能量平衡状态。不同的人身体中，这五大系统的能量平衡状态是不同的，也少有人身体中的五大系统的能量状态是绝对平衡的。

每一个系统的能量状态都可能出现偏强或者偏弱的状态。所以，每一个脏腑都会有两种状态：一是脾系统能量状态。脾系统能量相对其他系统弱，生命状态就表现为性格内向，容易乏力，性格随和，老好人特质，被动，体质不强壮等。脾系统能量弱，在身体胖瘦方面表现为两个极端：一种人脾能量弱，但胃能量强，这就出现很能吃，喜欢吃，发胖的表现；另一种脾胃能量都弱的，就出现吃得不多，胃口不太好，偏瘦。二是肺系统能量状态。肺系统能量强的人，表现为身体强壮，气力足，为人大气，乐观积极，有魄力；肺系统能量弱的人，表现为身体瘦弱，气力不足，言声低弱，多愁善感，悲观消极。

第三，肾系统能量状态。

对于肾系统能量来说，得分阴阳两种能量状态：一是肾系统阴阳能量皆充足，则表现为身体健康，充满活力，聪明，思维敏锐，性格平和。二是肾系统阳能量不足，则表现为易乏力，易懒惰，气力不足，怕冷，胃口不佳，易发虚胖（就是那种喝水都长胖的人），被动，内向，寡言少语，思维缺乏活跃性，整个人也缺乏活力，性格不阳光。

当然这里说的皆是通常状况，现实中，很多人的生命状态与心灵、身体，先天、后天都有关系，从而生命状态是一个复杂的能量融合体，单一的状态很少见。这里，单一说明是为了方便阐释。

肾系统阴能量不足，表现为性格外向，充满热情，皮肤发干，易衰老，怕热不怕冷，经常感觉心烦，性格急躁，风风火火。这类人在四五十岁之前大多精力充沛，别人望尘莫及，他们似乎总有使不完的劲，每每投入工作，都是充满热情，常常兴奋得失眠。然而，当他们四五十岁之后，整个人的状态开始急剧下降，快速衰老，常常疲惫，晚上失眠，同时情绪不好，焦虑、暴躁。这是因为，他们的身体因为阴不足以涵阳，使整个人总处于一种阳盛的状态。阳气能量主动，于是，他们就像上足了发条的敲钟，有使不完的劲，像加速跑的运动员。这种状态下，身体是以过多消耗能量为代价，长期超负荷运行的，所以，整个身体的能量会被快速消耗，直到有一天，能量消耗得差不多，身体状况就会急转直下。

第四，肝系统能量状态。

肝系统能量过旺的人，表现为性格急，少耐性，脾气差，爱发火。这类人容易得消化系统的毛病，也容易得肝方面的疾病；肝系统能量不足或者郁滞不畅的人，表现为情绪经常低落，容易消极，胡思乱想，焦虑不安，敏感多疑，感情脆弱，情绪波动很大，常常上午还喜笑颜开，下午因为一点小事就变得沮丧失落。

第五，心系统能量状态。

心系统能量弱的人，表现为精神状态差，记忆力不好，容易心烦不安，经常感觉心神不宁，睡眠不好，气色不好。

其实心系统相当于我们身体系统的太阳，若其能量不足，整个人的生命状态自然不好，出现乏力、嗜睡、怕冷等。同样的，如果这个太阳太热了，整个生命系统也会处于燥热状态，烦躁不安，失眠焦虑等。

以上从五个方面分别说明身体五大系统的能量状态，对我们身体和心灵方面造成影响，事实上，身体实际能量状况比这复杂多了。一方面，没有人是单纯的哪一个身体系统能量失衡，往往是两个甚至多个系统能量失衡，只不过以其中一个系统的能量失衡为重点罢了。

另一方面，身体的五大系统——心肝脾肺肾是互相影响的，它们之间有相生、相克的关系，一荣俱荣，一损俱损。当其中一个系统能量出现问题，其他脏腑系统能量也会慢慢做出相应适当的调整，以获得一种新的整体能量平衡。例如，由于脾胃是后天之本，负责能量的消化吸收，于是当脾系统能量变弱，脾胃提供的能量减少时，这必然使得其他脏腑系统的能量越来越弱。

讨论完身体五大系统的能量，下面，我们再来讨论如何对五大系统进行调节。

我们身体每一个脏腑的状态如何，有一半源于父母的遗传。这就好比，在生命之始，父母帮我们建造了五座能量库，但五座能量库的库房大小及质量各不相同，有的好，有的差。这五座能量库分别可以生产我们生命所需的五种重要能量：火、木、土、金、水。在父母给你建造的这五座能量库中，火库质量差会怎样？你的生命正常运转，如他人一样正常吃饭、休息、工作，但总是发现火能量不足。因为火库的质量差，一方面，会不断丢失火能量；另一方面，生产火能量的速度也慢。于是，你的生命状态就表现为一种偏向，总是火能量不足。

怎么解决这个问题？要么我们重建这个火库，但对于我们的身体来说，这是不可能的，因为所有的脏腑都无法更换。那么只有两个办法：一是适当减少火能量的消耗；二是在添加生命养分的时候，适当多添加一些能增加火能量产出量的养分。这就叫作补短以扬长。多照顾火库的短板，能尽可能让其他能量库发挥应有的效能。

我们会看到，有些人天生就怕冷，因为这些人的父母给他们建造的生命系统中，心（火）系统的质量不太好；有些人天生脾胃不好，总是吃点什么东西，就拉肚子或者肚子不舒服，这就是父母给他们建造的生命系统中，脾（土）系统的质量不太好。这就是生命系统的能量遗传。

我们的父母帮我们建造了一个生命系统，无论它有什么不足，都必须接受，也值得感恩。因为有了这个即使不完美的生命系统，我们的心灵、灵魂，才能行走于世间，感受世间的一切，修行我们的生命功课。这个生命系统是先天的，我们能做的就是了解其系统状态，正确使用它、爱护它、学会补其短，以更好地发挥这个生命系统的效能，以便让我们活好自己，活出生命的美好光彩。

天生万物，各不相同，自然界中的所有生命都知道按照自己的生命特点去生活。只有人往往不了解自己的生命特点，一味看他人做什么，自己也做什么，看他人如何生活，自己也照搬。这样做的结果是，人们不断凭空给自己的生命制造很多问题，然后，又努力去发展科技，来解决自己制造的这些问题。当然，笔者并不是说人类发展科技一无是处，相反，科技带给人类的益处有目共睹。只是在有些方面，人类走错了方向。

现在的医疗技术越来越完善，可是人类的疾病却越来越多，越来越复杂，甚至现代医疗机构根本治不好那些越来越多的疾病。放眼看去，有多少现代人常年依赖药片控制病情而活着。而再进一步，这些常年依赖药片的人，生活质量越来越差，只是艰难地活着而已。

冬天的医院里，只是治疗感冒的人就已经人满为患了。再了解一下，对那些到医院治疗感冒的人，医生采取的措施往往是连打几天点滴。这些人往往上年这个时候也一样感冒，也一样打点滴，多年来都是如此。到明年这个时候，那些人还是会感冒，还会再来医院打点滴。而这些人的体质也一年比一年差，变得更容易感冒。

这是为什么？就是因为现在西医方式的医院，只治疗症状，不管疾病的根源。即使你问医生，医生只是说你的免疫力低，仅此而已。而冬天的感冒大多是受寒所致，也就是身体的阳气能量不足，使外界的寒气侵袭身体而致病。那些治感冒的点滴大多是抗生素、消炎药，打得越多，越损耗人体的阳气。这也是为什么打点滴越多的人，越容易感冒。

看看我们周围，同样的天气变化，为何有人从来没事？而有些人，寒气一起，马上就感冒？这里的区别就在于，这两类人的生命能量状态不同，更准确地说，是身体能量状态不同。那些冬天很容易感冒的人，身体阳气能量很弱，就如身体中太阳能量太弱，使体内一片阴寒，于是，一变天，寒风一吹，里应外合，人就病了。而夏天容易感冒的人，大多是因为身体"气"能量不足，还有脾胃系统能量弱，使身体内湿气过重，外界闷热，里应外合，就感冒了，这是暑热感冒。

总之，我们看到，感冒与否，不是因为天气变化，而是因为自身身体能量出了问题。若我们能及时觉察出自己身体的能量失衡，并及时给予调整，自然不会出现后来的问题。

我们再回到生命能量遗传的问题上来。父母给我们建造了这样一个生命系统，除了身体系统，还有心智系统。从出生开始，除了我们的身体不断成长，我们的心智也在不断成长。我们依然会发现，如身体系统一样，心智系统也遗传了父母的一些特质。这些特质有的好，有的不好，但不管好与不好，那都是组成我们生命系统的一部分，真实存在着。

父母遗传给我们的这些身体系统和心灵系统的能量状态，与我们童年成长环境的影响，共同构成了我们每个人的生命核心能量。我们直接看到的就是，每个人有自己的身体特点及体质，还有与众不同的性格、习惯及喜好。

对于如何调节身体五大系统的能量，一个总的原则是不与自己为敌，做更好的自己。

每个人一生之中，最大的敌人是自己，事实上，这里所谓的敌人，就是在我们生命系统"核心能量"中那些阻碍我们人生前进的能量。例如，身体方面的不足，心灵方面的弱点等。

然而，它真的是我们的敌人吗？它其实是父母在我们身上的影子，或者说影响而已。无论如何，我们都应该感恩父母给予了我们这样一个生命系统，帮助我们实现自己生命的升华，即使这个生命系统有这样或者那样的不足。所以，儒家提倡，人生世间，以孝为先，身体发肤，受之父母，自当珍惜。我们只有对自己的生命系统有了感恩之心，方能更好地使用这个系统，与这个生命系统一起携手走好自己的生命历程。

任何对抗都会产生能量的极大损耗，唯有顺势而为，顺着能量流向行动，才能以最小的能量损耗，收获最大的成长提升。看看自然界之中，飞得最高的生物，往往不是对抗风的高手，而是最懂得顺风或借风者，好风凭借力，送我上青云！

再看看，除了那些优秀者，大部分选择对抗自己、战胜自己的普通人，即使他们取得了一定成绩，但内心之中大多少有真正的快乐，焦虑不安、负面情绪总是伴随着他们。而那些选择关爱自己、珍惜自己、爱惜自己，在此基础之上不断精进的人，往往快乐常有、美好常随。没有人能不经由愉悦的历程，而到达愉悦的终点的。

对抗，是这世界上最糟糕的行为之一。这世上有多少能量，本可以创造更多的正向价值，却被浪费在对抗之上。人与人的对抗，让彼此活得谨小慎微，还得花很多精力和力量去时刻准备着对抗；国家与国家的对抗，让政府不得不花巨额的军费及大量人力、物力，加强和巩固国防。人类与自然的对抗，让人类短时间获得一些"人类可以主宰一切"的满足及一些短期的好处和发展，然而，之后却要不断承受对抗自然的严重恶果，也得花数倍的人力、物力去弥补、挽回。同样的，我们自己与自己的对抗，也浪费了太多生命系统的能量。

这也不是说，我们需要听之任之，随波逐流。而是要少做强求及过度之事，把自己的行为建立在顺势而为的基础之上。环看宇宙，一切皆有阴阳，没有任何存在是对立二分的。那么，我们的生命要成长，要越来越好，不是听之任之可以做到的。我们需要顺着自己生命系统的能量状态，在此基础之上，不断调整、改善，使其更好。

例如，一株玫瑰，你要让它变得更好，不是一下子让它的所有方面都改变，若它的所有方面都变了，那它还是玫瑰吗？若它是一株红玫瑰，我们就让它成为一株更美好的红玫瑰——使它的花朵更大些，叶子更绿些，生命力更强些。

我们每个人也是一样，我们的生命系统不可能是完美的，总有这样那样的不足，尤其是我们与他人对比的时候，会发现更多"问题"。然而，这就是我们，这就是父母给我们的礼物，也是上天给我们的礼物。我们需要做的不是战胜，也不是对抗，而是爱惜，然后努力使这个生命系统更好。

想想看，你要与一个人一起完成一个任务，有两种方式：一是你战胜这个人，试图控制他，使他与你一起；二是与他协作，在接纳他的基础上，找到你与他的共同利益，实现合作。你会选择哪一种？事实上，没有什么是能被战胜和完全控制的，唯有协作才是最好的方式。看看宇宙中发生的一切，没有任何战胜和控制能够真正有好结果。而唯有那些共同协作的方式，最终使双方皆受益。

美国当年发动了几次试图控制他人的战争，结果呢？吃力还没讨到多少好处，更是把别的国家搞得更乱。而相反，那些选择协作共赢的国家，则存小异，求大同，最终实现了双赢。

因此，我们不要试图去战胜自己的生命系统——身体及心灵，而要先接纳、感恩它们。父母给我们建造的生命系统，是我们生命的核心系统，我们只有与这个核心系统和谐共处，方能实现自我蜕变，实现自我生命提升。这个核心系统，就是我们常说的那个内在的孩子。我们常说，每个人内心都永远有一个长不大的孩子，这个孩子就是父母给我们建造的生命系统，它包括遗传自父母先天的身体、灵魂，以及童年期间成长所受父母、家庭环境所影响的能量积累，这些具体表现为身体体质、长相、天性等。

那些出现心理问题的人或者说活得极痛苦的人，都有一个共同的根源，那就是他们往往无法与自己的核心生命系统和谐共处，也就是他们总是无法接纳那个内心的孩子。他们总是试图压抑和控制内在的那股力量。这样做的结果是，越控制越压制，那股力量越强大。他们深陷在这个死循环中，无法自拔，最后的唯一结果，就是把自己弄得身心疲惫，支离破碎。他们不知道，他们试图控制和压制的那股力量不是其他，就是他们内心最核心的生命能量。要知道，这个核心能量本是为整个生命提供强大动力的。若总试图控制它、压制它，结果就是生命状态越来越差。

这就好比一个火炉，你无论加多少好燃料进去，火总烧不起来，无法提供足够的温暖。那不是核心能量——火出了问题，而是这个火炉的运行有问题，空气流通不畅——进来的氧气不够，燃烧后的气体无法顺畅排出去。解决办法不是拼命加燃料，也不是抱怨火的能量不够，而是把火炉下面的进气口开大，把上面的烟筒疏通，再疏通一下炉中燃料的空隙，不久，火就会越烧越旺，整个火炉都被烧得通红，房间变得温暖。

再好比，房间里烧了火炉，但房间内的有害烟气很重。你不能说火炉有害，就把整个火炉都丢弃。问题不在于火炉，而在于火炉的烟道不畅通。只要调整烟道，使其保持通畅，房间内自然无烟气，也温暖不少。

当然，你可能会说，我用电暖气，不用火炉。无论你用什么，能量的原理是一样的。核心能量是没有问题的，若出现问题，我们需要调整的是使它正常发挥效能的方式、方法。一个电暖气总是无法使房间温暖，不是电能无法提供热，而是这个电暖气的问题——功率不够、效能差或者摆放位置错误。

同样的，我们的生命出现问题，不是生命核心能量的问题。任何时候，我们都需要感恩，感恩自己的身体，感恩自己的生命系统，感恩父母及上天的给予。当我们不再对抗生命核心能量，就能节省许多生命能量。不对抗、不抱怨、不气馁，在接纳自我生命系统的基础之上，去不断完善、提升这个生命系统，我们才能受益于自然之力，实现自我成长，实现人生的美好。

当然，无论如何，当我们看到别人的生命状态很好，对比之下，难免对自己的生命系统产生一些不满，因为，同样是人，有的人生来就有好身体，有的人生来就有好容貌，有的人生来就有良好的学习能力……这些先天的生命系统特点，对我们的生命影响实在巨大。想想看，在学校的时候，有的同学一个小时的学习效果，往往比自己几个小时的还要好，人家记一些内容只需要十分钟，而自己可能需要一个小时！有的同学非常努力，但无论他们如何努力，学习成绩依然无法与一些人相比。

这就是先天的影响和差距！你可能会说，有些人很努力，但学习效果不好，那是学习方法不好，效率不高。但真实情况是如此吗？你深入了解，就能发现，无论那些人学习了多么优秀的方法，依然赶不上那些学习效果好的同学。记忆力、理解力等能力确实是先天的，有的人就是强，有的人就是弱。

这么说，难道我们要认命？不是！说这些，是要我们明白，生命核心系统——先天对我们生命状态的影响之大。我们需要看清这个事实，明白具有那些特点的就是你自己。接纳自己是重要一步。

不要气馁，天生万物，自有其合理之处，更重要的是天生万物，也为每一个生命安排了最好的自我实现成长路径。花儿有花儿的好，小草有小草的好，大树有大树的好，灌木有灌木的好，老虎有老虎的好，牛羊有牛羊的好。只要你接纳自己，然后努力在接纳自己的基础之上，做更好的自己，就能绽放自己的生命光彩。

42. 你的能量，你的遇见

　　所有优秀的人都是在接纳自己的生命系统、接纳自己的生命状态的基础上，通过不断努力成长、精进而成就了优秀自我，实现自我美好价值的。试想，当史蒂芬·霍金知道自己得了卢伽雷氏症，知道自己将慢慢失去身体活动能力时，不接纳会怎样？可能没有后来伟大的科学家史蒂芬·霍金。因为，他若无法接纳自己，无法面对自己生命系统目前的状况，也就无法与自己的生命能量携手共进。他的生命能量将大多用于与自己的对抗，从而浪费殆尽，一无所成。

　　那史蒂芬·霍金患有这样的病是不幸，还是幸运？恐怕无法确定吧？若你看看自己的生命历程，会发现生命中每一个发生皆是一个生命台阶，无论那发生看似好或者不好、顺或者不顺，我们的生命皆因那发生而进入新的层面。只不过，有时候是上升到更好的层面，有时候是跌落到更坏的层面。而这全取决于我们以怎样的生命状态去面对。

　　你因为考上了一所大学，而开始了在一个城市的全新生活，也因为这一台阶，你有了在城市生活的可能，然后，在那里的公司上班，认识了你的妻子，接着你们结婚、定居在这个城市。回看过去，一个个发生皆是一个个台阶，通过它们，你一阶阶实现了现在的生活，有了现在的生命状态。

　　再想想看，若没那次工作失误，你也不会离开原单位，或许很可能现在还在那里上班呢，毕竟那是一家不错的单位。然后，你不得不再找工作，接着到了现单位，也因此，才认识了在现单位隔壁上班的妻子，而后你们一起建立了这个幸福的家。那你说，那次工作失误让你丢了工作，是好，还是不好呢？

　　其实，每一个发生都只是你生命的台阶，都是助你生命上升的台阶，你只要以正能量积极面对每一个发生，你的生命中就没有不好的发生，有的只是助你生命不断成长、提升的台阶和助力。

有时候，我们会羡慕他人：甲君的工作清闲；乙君的收入高；丙君开的网店生意极好；丁君的丈夫是个大公司老总，花钱不用计较；戊君投资股票，一年赚了几十万元；己君投资的一个项目也大赚了……越看他人，越不满意自己，越焦虑不安。却不曾想过，生命历程皆是一条不断上升的台阶之路，就像登山，你的生命处于什么层面，你便会遇到相应的人事物。你在你的层面，遇见适合你的生命能量状态及层面的人事物、机会及资源；他人在他人的层面，遇见与他们的生命能量状态及层面相应的人事物、机会及资源。有什么可羡慕的呢？

你羡慕己君投资项目赚了钱，可是，你要知道，他的父母皆是企业家，他从小就受过良好的相关教育，他的一切决定了他所遇见的人、交往的人，而这又决定了他会有各种投资机会。因为他在那个台阶上，在那个层面上，那些发生在他生命中是很自然的事。

你站在哪里？也正因为你站在这里，站在你的台阶和层面，你才遇见了与你相知相爱的妻子或丈夫，你遇见了一份自己喜欢的工作……己君遇见他的投资项目，你遇见你的爱人，己君遇见他的财富，你遇见你喜爱的工作……每个人都在自己的生命里遇见，我们又何必去羡慕别人生命里的遇见呢？我们需要做的是，用心过好每一个当下，通过每一个美好的当下，登上使生命越来越好的台阶。

你来到这个世界，遇见你的父母，遇见你的兄弟姐妹，遇见你的亲人，遇见你的童年伙伴，遇见你的同学、同事、领导、客户、竞争对手，遇见你的敌人和朋友，遇见你的师长，遇见你的爱人、知己、妻子，遇见你的孩子……除了你一路遇见的各种人，你还遇见生命里的每一个事物，以及自己的思想，而一路上，你不断遇见自己，一个越来越好或者越来越糟糕的自己。你所遇见的一切，皆是你的生命之属，是由你的生命能量状态决定的。你的生命能量在那个时间是那个状态，你遇见那些相应的人事物，你的内心也产生相应的感受和思想，在那样的状态下，你采取相应的行为……这些共同构成了你那个时刻的生命状态。

43. 能量交流，产生关系

在现实生活中，"物以类聚，人以群分"，自然界也是如此，往往是同类聚在一起，异类分而处之。事实是，因为生命能量状态不同，造成了这些现象。例如，学校里某个同学得了皮肤病，你会发现，大家都自然地远离他，孤立他；或者某个同学思想怪异，大家也往往会与他保持距离。这皆是生命能量状态的表现：那个得皮肤病的同学，身体的能量出现问题，五脏六腑能量失调，才会有皮肤病的症状。而其他人的能量相对正常，能量状态不同，自然产生排斥。虽然看起来是讨厌皮肤病，害怕被传染，实际上，这只是内心能量状态在心理层面的表现而已。这就好比一个身体肝肾及心脏能量不足，虚弱到一定程度的人，往往一点小小的突然事件，都会把他们吓着，当生命能量达到某个状况，我们的一些言行念往往会不自觉地产生。

我们选择远离的，往往都是感觉与自己差距较大的，这些表面看起来是喜好，从深层看，其实是生命能量状态不同。所以，那些思想优秀的人，往往喜欢跟思想优秀的人为伍。你可能会说，不会啊，有些优秀的人就很喜欢思想迟钝的人，例如，他们可能有一个思想相对迟钝的好朋友。其实，生命是多维的，我们为了分析方便，选择某个角度切入，但从实际看问题，要懂得从多方位去看。一个思想优秀的人与一个思想迟钝的人是好朋友，他们的总体能量状态一定是相似的，例如，在思想方面有差距，但在其他方面，这个思想迟钝的朋友却能给思想优秀的人以足够帮助。人与人、人与物、人与事也是如此，唯有能量相对平衡，才能维持关系，一旦失衡，关系便会消解。

就如两个都装了水的容器，它们要建立关系，就是要有"沟通和交流"，用一根管子把它们连起来，会发生什么？水多的一边会向水少的一边"传送"水，直到两边一样多。但这里有一个状况，若两边水量差距过大，会怎样？一旦建立沟通，水少的一边会感受到过大的压力，更重要的是，由于压力过大，往往容易导致连通管道破裂，甚至可能出现一个问题：水多的一边向水少的一边传送过多的水，使小容量容器被水淹没。因此，稳定的关系是建立在相对稳定的能量状态之上的，在这种状态中，两方能量有一定差距，但没有过大。

还会出现另一个问题，当水多的一边向水少的一边传输水，两边一样多了，会怎样？停止沟通意味着关系僵化。只要是"沟通和交流"，就有停止的时候。所以，长久稳定的关系还需要一层能量状态，那就是对流。也就是说，首先，两个容器，都有自己生产能量的能力；其次，两个容器能生产彼此所需要的能量，并且常常能拥有比对方多的某方面的能量。于是，在这样的状况下，两边产生能量对流，你传给我甲能量，我传给你乙能量……稳定长久的关系，由此建立。

这个例子说明了人与人、人与物、人与事之间的关系本质，那就是能量交流及平衡。从这个意义上说，在你生命中所发生和遇见的每一个人事物，皆是因为对方与你有能量互补，你有能量给对方，对方也有能量给你。宇宙中的一切皆是能量的存在，没有什么是平白无故产生的，一切皆是能量的变换及流动。

想想看，那个让你讨厌的人，常跟你作对的人，为何出现在你的生命里？若你以正能量面对，则这个人的出现是给你提供与人相处的生命能量，帮助你修行与人相处的人生功课；同样的，对方也是通过与你的这种关系，修行自己的生命功课，积累自己的生命能量，至于是正向还是负向，那要看我们以怎样的方向对待。

现实生活中，那些以正能量面对生活的人，每一个不顺和挫折都帮助他们增加更多正能量，而那些以负能量面对生活的人，每一个不顺或者挫折，都帮助他们增加更多负能量。同样遇到跟自己作对的人，正能量面对的人从中获得成长，变得更坚强、更智慧、更从容；而以负能量面对的人，从中获得的只是仇恨、烦恼、痛苦、不安。

生命中每一个发生，每一个人事物，皆无好坏，只是能量状态的呈现，只是能量的流动状况。最终，我们的生命能量受到怎样的影响，不取决于发生的人事物，而在于我们以正向还是负向去面对。我们怎样面对，就获得怎样的能量交换。

44. 能量优育，子女大福

甲乙二人被人骂了，甲一气之下，跳河自杀了，乙却发愤图强，获得巨大成长。骂只是一种能量变化和流动的呈现，我们自己的能量状态决定了我们以怎样的生命状态应对，决定了这个发生将对我们产生怎样的影响。

世上一切发生，没有偶然，都是必然。因为能量达到了那样的状态，就会出现那样的发生。甲被骂后之所以自杀了，是因为他的生命状态处于极负面的状态。而他的生命能量状态之所以处于负面，也不是偶然，而是他长期以来都以负能量面对生命中的每一个发生。他之所以长期如此，也不是偶然或者不幸，归根结底，是他生命的核心能量处于不良状态。也就是父母给他建造的生命系统本身不是太好：身体状况不佳，如肝肾不足、脾胃不好等；心灵方面，童年的成长环境积累了太多负能量。更重要的是，在这样的生命系统——核心能量状态下，他没有在今后的成长中，及时努力补充正能量，修正和改善核心能量的不足。最终，生命状态越来越负面，终走上绝路。

事实上，父母对孩子生命状态的影响是巨大的。父母帮孩子建立起良好的生命系统——遗传健康的身体，良好的童年成长环境，良好的父母及家庭关系和氛围，这样，孩子在今后的生命历程之中将少走弯路，少损耗生命能量，他们的生命更容易向着正向发展。虽然经过后天的努力也可以改变，但是，父母帮助我们建立的生命系统的能量成为我们生命的核心能量，改变起来非常不易。有些人一辈子都在改善生命核心能量中的负能量，不敢懈怠，稍不留神，那些负面的核心能量就会产生影响。这也是为什么很多人提出"自己是自己最大的敌人"。

所以说，好的父母最应该为孩子做的，不是给他提供多好的物质条件，让他上多好的兴趣班、提升班，而是为他们建立良好的生命系统。要知道，父母所建立的这个生命系统将伴随孩子一生，更关键的是，这个生命系统的核心能量源于父母——父母在生育孩子时期的身体状况，父母在孩子成长过程中的生命状态，包括父母关系、家庭氛围等。这个生命系统的核心能量将作为孩子今后一生的主要能量基础，也可以说，很大程度上，这个核心能量决定了孩子未来的生命走向。

有多少活在痛苦、焦虑、不安、关系危机中的人，经过对他们的深入了解，得知他们的生命系统核心能量往往失衡。例如，体质不是太好，肝肾、脾胃不太好；童年成长环境不好，父母关系不和谐，父母有不良习惯，或者不良的养育子女方式，不良的价值观，不良的各种念言行等，使他们的心灵成长出现偏差，心灵能量失衡。这些人中的大部分，一生都受那些负面核心能量的侵扰和折磨，只有一部分人通过后天坚持努力提升自己生命的正能量，得以平衡那些生命系统的负面核心能量，摆脱其困扰，实现蜕变。即使是这些少数人，他们也花了太多太多的能量去平衡那些负面核心能量。要知道，若当初这些人的父母给他们建造了良好的生命核心系统，那么，他们将不必耗费那么多能量去改善，转而在人生正向上获得更多成长和提升，他们的生命将变得更加美好。

就如，你想要种一株好的向日葵，不是你随便种一颗种子，等它发芽长起来了，再花很多精力给它添加养料，给它提供最好的条件。事实上，最重要的在于你要先选择一株长得最好的向日葵，从它的种子中选出生命能量最强的；再选择合适的成长环境，在合适的时间把它种下去，然后给它施合适的养料……你会发现，你不需要费太大的劲，它就会长得很好。相反，若你选择的种子不好、种植的环境及时间不太合适，它将无法拥有良好的生命核心能量，之后，你花很多努力，它也不见得就会长得很好。

笔者在自己家的阳台上种了一些牵牛花，已经种了几年了。笔者拿两个花盆作对比，甲盆种上好的种子，这些种子是专门从那些上一年长得极好的母株上摘取的；乙盆种上普通的种子，这些种子是从那些长得一般甚至不好的母株上摘取的。两个花盆大小相同，用同样的土壤，在同一天种下去，放在光照相同的地方，同时浇水且浇一样多。

结果，甲盆中的种子先发芽，并且牙苗刚出土的状态比乙盆几天后出土的牙苗苗壮许多，明显更粗壮。15天后，甲盆中的牵牛花花茎长度已经几乎是乙盆中的2倍，更明显的是，甲盆中的牵牛花花茎不但比乙盆中的长得长，还明显粗壮。2个月后，甲盆中的牵牛花已经爬上栏杆，并且爬上去许多，花也开了不少，而乙盆的才刚刚爬上栏杆，开出第一朵花。

进入7月，天气热起来了，与家人一起外出一周，没人照顾它们。回来后发现，由于没浇水，两盆花都已经旱得奄奄一息，赶快给它们同时浇水，一周后，发现乙盆彻底干枯了，而甲盆慢慢恢复了生机，虽然已经无法再恢复之前的生命活力，但还是慢慢长出了一些绿叶，并且开花。直到最后，所有的花朵都凋谢，结出种子，那种子还是饱满的，虽然不算太优秀。

这个对比，让我深刻感受到了生命核心能量的重要性。再冷的天气，一棵青松都不会有事，而白杨树冬天就一定会落叶，有些果树冬天甚至会被冻死。这皆是由它们的生命能量状态决定的。

至于我们每个人呢，父母给了我们怎样的生命系统？生命系统的核心能量如何？而为人父母，打算如何给孩子建造这个生命系统？又给自己的孩子建造了怎样的生命系统？给了他们怎样的生命核心能量？

我们可以看到，那些生命幸福美好的人，往往是身体健康、心灵健康、性格健全的人。而这些人往往有着一套良好、健康、能量状态极好的生命系统。他们往往活得比较自在、轻松，即使他们的某些条件并不是特别好，他们依然活得从容、快乐而美好。根本原因就在于，他们的父母给他们建造了一个良好的生命系统，使他们在面对生活时，更容易以正能量的方式对待，不断获得正能量提升。他们也不需要花太多精力和能量去控制自己生命系统中那些负面的核心能量，因为他们的生命核心能量基本是健康正面的，不需要太多修正。他们需要的只是不断提升、丰富自己的生命，绽放自己的生命光彩。

例如，同样主持一个活动，有的人会很从容，很放松，不需要做太多准备；而有些人则很紧张，甚至害怕，需要花很多精力去准备，压力巨大，结果也并不是太好。这就是生命核心能量不同的表现。你可能会说，那个轻松的人因为平时主持的次数多，所以比较自信。事实上，自信与不自信本就是生命核心能量的体现。一个人为什么不自信？因为除了他身体本身能量虚弱外，在他的成长环境中，尤其是童年时父母给他的批评、否定多于肯定，这使他的生命系统核心能量被输入了太多负面的能量——你是不好的，你总是做不好，你是弱者！这些核心能量在他的成长过程中，不断影响他的选择和行为，让他越来越不自信。

而那个放松、自信的人，他的生命核心能量相对更健康。身体健康、成长环境相对和谐，尤其是童年时期，父母关系、家庭氛围良好，父母经常能给予他肯定、认可，他的生命系统核心能量被输入了很多正面的能量——我是好的，我是优秀的，我能做得好！这些核心能量在今后的成长历程中不断影响他做出更积极、主动、正面的选择和行为，使他越来越自信，越来越强壮……当他遇到主持活动的事，能从容、轻松地应对，是很自然的事。因为他的生命能量状态是好的，这个发生不过只是其中一个具体体现而已。

所以，从这个角度来说，人生中那些美好的发生，不是通过一时努力就能真正获得的，通过一时努力争取获得的，往往只是暂时的，很难有持续的生命安和。唯有持续正能量的生命能量状态，才能让那些美好的事情自然地发生，不需要太费力。当你能明白这些时，就能找到让你的生命持续安和、美好的道路。

45. 投入世界，找到自己

　　我们生命中的一切，如何才是自然地发生呢？何为自然？对于我们每个人来说，当我们更加了解真实的世界，真实的自己，看见自己的真相，才能知道何为自然，也才能知道如何活出自然而美好的自己。

　　再进一步，我们如何认识更真实的世界、更真实的自己，看见自己的真相呢？举例说明：第一种情形，桌上有五个苹果，我们拿出其中最好的苹果，我们说，这个苹果是最好的苹果；第二种情形，一筐苹果，我们从中挑出最好的，我们说，这个苹果是最好的苹果；第三种情形，一卡车苹果，我们从中挑出最好的，我们说，这个苹果是最好的苹果；第四种情形，百亩大的苹果园中，我们从中挑出最好的苹果，我们说，这个苹果是最好的苹果。

　　这四种情形，哪一种更接近真实，更接近真相呢？显然是第四种，因为在更广阔世界中体现和认识，看见的才更接近真相。而我们唯有通过更广阔的世界，才能更加了解和认识世界，同时通过更广阔的世界了解和认识更加真实的自己，看见自己的真相。

　　想想看，桌上五个苹果中，其中一个被选为最好的苹果，于是，它从此认为自己就是这个世界上最好的苹果，世界上其他的苹果都不如自己，这不就是坐井观天、鼠目寸光吗？它对世界及自己的认识也是最不真实的，在这样的状况下，它很难做好自己。

　　也因此古人说：读万卷书，行万里路。我们通过多读书、多行走、多体验和感受更广阔的世界，来认识世界、认识自己，从而看见自己，也只有在这样的基础之上，我们所做出的选择、所做出的努力，才更适合自己，更符合实相，如此我们也才活得更真实，更快乐。因为我们通过更广阔的世界了解自己是什么，自己在世界中的位置，自己能做什么，也就是认识到自己是谁、自己要到哪里的问题。而这一切就是我们能活得快乐、活出自我光彩的基础。放眼世界，最美的活法皆是自然地活着。这里的自然，是指更真实地认识世界、认识自己，然后遵从自己的天性，真心遵从世界、社会、他人的需要，活出美好的自己。

古人说：学然后知不足。越学习，越知道自己的不足。为何会如此？我们越学习，发现自己不知道的越多，发现自己需要更加努力学习，开阔自己的眼界、心界乃至意识界。吾生也有涯，而知也无涯。我们的生命总是有限的，而知识、智慧的成长是无限的。我们要想尽最大可能活出自己生命的光彩，就必须先懂得尽最大的努力去不断学习、成长，开阔自己的眼界、心界、意识界，把自己放到更广阔的世界之中。

一滴水，藏大海。无数水滴终汇成大海，无数生命共同组成了这个丰富美好、充满生机的世界。然而，如果一滴水没有向着更广阔的世界前行，只停留在一滴水的小世界，它总认为自己就是大海，那不是很可笑吗？生命也是如此。世界如此广阔，就是要我们投入其中，认识到自己的"大"及自己的"小"，这才是实相。只看到"大"而看不到"小"，那是自大，是假象，是自己见识短浅；只看到"小"而看不到"大"，那是自卑，也是假象，是自己一叶障目，不见泰山。

就如一滴水通过积极主动融入广阔的世界，见识到世界之大，认识到自己是大海的一分子，自己是大海的缩影，同时也认识到自己只是渺小的一滴水而已。便既不会自大，也不会自卑。能自信积极地融入世界，让自己成为使这个世界更加美好、丰富的一个推动力量，在此过程之中，真实、自然地绽放自己的光彩。

我们每个人均是如此。那些自大的人认为自己多么了不起，目空一切，不过是目光短浅而已，他们像一个吹起来的气球，不知收敛，总免不了胀破气散的结局；而那些自卑的人总认为自己渺小，认为自己不好，认为自己不值得拥有，他们不过是用自己狭隘的眼、心、念阻挡了广泛而美好的世界而已。若他们无法打开自我封闭的狭小世界，生命灰暗无光是再自然不过的事了，不是美好的世界与他们无缘，而是他们拒绝看见，不看，不听，不信。

不得不说，这世界上最可惜的事之一，莫过于一个人用尽所有努力，到头来不过是在自己狭隘的世界里打滚，未识世界的博大，未见自己的浅薄。他忘记了，我们来到这个世界最重要的使命之一，就是通过不断探索世界，进而更真实地认识自己、实现自己，让自己的生命绽放光彩，同时帮助这个世界更加美好。

我们为什么会怀疑自己？因为我们还没有认清自己，不知道自己到底能做什么？可以做什么？能做好什么？更不知道，我们将去向何方？

然而，我们如何才能更好地认清自己？最好的路途便是古人说的："读万卷书，行万里路。"这里的读万卷书，指不断学习成长，丰富自己的学识，增长自己的智慧；行万里路，指践行，要多融入广阔的世界中，多经历，多体验，多见识，以开阔自己的眼界、心界、意识界。

思想意识和切身行为帮助我们更好地认识世界，从而认清自己。这就好比你从没见过一种水果，有一天有人给了你一个，你知道了这种水果原来是这个样子，但这并不是这种水果最真实的呈现。因为你见过的太少，或者你见到的那一个有着某种问题，只因这一个而定义这种水果，便是一种偏见。但是，如果你之后见识了更多这种水果，甚至来到这种水果的果园中，见到了无数这种水果。这个时候，你所认识到的这种水果才最接近真相。正所谓见多识广，这样我们才能少偏见，多正见。

我们对自己的认识也是如此。我们必须通过把自己放到广阔的世界中去，在无数的经历和体验中，见多识广，方能更好地认识世界，从而认清自己。而当我们能更好地认识世界、认清自己时，自然才能多正见。正见是指引我们的生命越来越好的重要力量。

你可能有疑问，为何我们要通过认识广阔世界的方式来认识自己呢？为何不直接去认识自己呢？

因为，我们每个人都好比一个戴着有色眼镜的人，因为生来如此，并且这眼镜无法摘下，所以，我们根本无从知道这个眼镜到底改变了什么。也就是说，由于生来就那样，我们根本不知道真实的世界是什么颜色，也不知道我们的眼镜是什么颜色。我们唯有通过更多地认识世界，才能知道世界的真实颜色，从而知道自己的眼镜是什么颜色。例如，我们认识了很多人，这些人告诉我们世界是什么颜色，当然每个人说的都不一样，但你通过越多的人知道得越多，你越能了解世界的真相。你不断探索、不断经历，通过自己思考，发现某些规律，那就是世界的真相。同时，你也知道了你自己戴着什么眼镜。当你认清了自己，你便不被表象所迷惑。

然而，若我们一直在自己狭隘的世界里折腾，我们便被自己的眼镜所迷惑，认为世界就是那样的颜色，也不知道自己存在什么问题，更无法找到自我突破、自我蜕变的路径和方法。

我们每个人都活在自己已知的世界里，若我们无法扩展自己的已知，便无法拓展自己的生命。

有一部电影，主角生活在一个地方，那里的人一旦长大成人，就要不停工作，直到死亡。他们身边的所有人都告诉他们这一切是正常的、自然的，他们生来就是如此，也应当如此。

直到有一次，他无意间到达了他们所在地的边缘，好奇心促使他发现，原来另一个地方的人们并不像他们一样生活，那些人只需要享受生活，一切都比他们优越。这个发现使他意识到，原来自己从小到大所认识的世界、认识的自己，都不是真实的！原来，他们所有的人都被有意地培养为"工作机器"。他也明白了，为什么在学校里，那些好奇心太强的同学，都被老师说成是危险分子，很多危险分子被"隔离"，此后再也没有出现过。

故事的结局是，主角以自己的勇敢和无畏唤醒了这里的人们，大家一起奋起突破，最终过上了自由的生活。

我们很多人是否也是如此呢？麻木地活在自己的小世界里，从不知道更真实的世界是什么，更不知道自己的生命有美好的未来。没错，生命自始就是一个未知，然而，未知是开始，但却不是终点，我们每个人来到这个世界，最重要的使命之一，就是要解开这个未知，认识世界，认识自己，实现自我成长蜕变和灵魂升华，绽放自己的光彩。

然而，如果我们无法鼓起自己的勇气和热情，投入外面广阔的世界，我们永远无法了解真实的世界，更无法认识自己、看见自己，并洞悉自己在哪里，将要去何方。

我们常说活好自己，也常说要活好自己，就得自信，而自信就得学会接纳自己。然而，如果我们无法认识自己、看清自己，又如何接纳自己？接纳自己的什么呢？若我们都无法认清自己，无法清晰具体而真实地接纳自己，又如何自信呢？若我们自己都无法相信自己，又如何活好自己，让自己的生命绽放光彩呢？

看看上天给我们的身体，我们全身最强壮的是双腿，就是要我们多走出去，不要老待在自己的小世界里；接着是我们的双手，就是要我们伸出手，然后多做事、多践行；然后强大的莫过于眼睛了，一双明亮的眼睛，生在前方，就是要我们多看，多增长自己的见识；之后是耳朵，它们与眼睛一样也是向着前方的，这就是要我们多听；最后是一张口，不过只有一张，还要用来吃饭、喝水，这就是要我们先多看、多听，了解清楚之后，在适当的时候讲适当的话，少说多余的话，不要说个不停，因为它还有其他事要做——吃饭，否则，说得过多，可能会没时间吃饭；一个从两眼、两耳中间长到口之上的鼻子，这是要我们一双眼睛认真看，两边都要看，上下也要看，两边都要听，然后看见、听见事物的"中间"，不偏看偏听，然后说出中肯的话。呼吸表示生命之机，向下的鼻孔，是让我们懂得：要活着，活好，就要懂得谦虚、谦和、谦下。最后，头颅比四肢还要粗壮，这就是要我们在所有行动前、行动中、行动后，都要多思，在迈开脚步时思考，在举手做事时思考，在看、听时思考……时时保持思考，如此方能走好、做好、看见、听见，从而真正认识世界、认识自己。

而所有这一切进行的过程之中，我们胸腔中有一颗心在不停跳动，为身体提供能量，这告诉我们，活着，时时都要做一个有心人，时时带着一颗热心、真心、诚心，如此才能真正有所收获。

除此之外，我们整个生命历程之中，其他五脏六腑（包括肝脾肺肾、胆、小肠、胃、大肠、膀胱、三焦等），在背后默默付出，为我们的生命动力和能量提供支持，这告诉我们，无论我们在哪里，无论我们做什么，收获什么，都要知道，我们生命这一切美好，除了我们自己的努力，还得益于那些背后默默支持我们的人，也告诉我们任何一件美好事情的实现，都需要志同道合者团结协作。

　　自然是最好的老师，我们的身体便是宇宙，我们能透过表象看见我们的身体，看见我们的生命能量，看见一切。只不过，我们需要先与上天、父母给我们的这个身体一起，投入广阔的世界，去体验，去了解，去认识，去思考，去践行，方能自悟，方能真正地看见，看清，看懂。

46. 生命出路，做好自己

看看每一个初生的生命，无论是动物，还是人类，都有着一个共有的特点：对外界充满好奇，对外界的一切充满兴趣和热情，总是以各种各样的方式探索外面的世界。即使有时候面对新的事物，内心害怕，但更多的却是对于未知的好奇，以及因此而产生的无畏和勇气。初生牛犊不怕虎，不是真的不怕，而是内心对新事物的好奇大过害怕，于是有了无畏。事实上，因为每一个新生命的这个特点，每一个物种才可以延续、进化。

试想，若新生命害怕外面的世界，缩在自己弱小的世界里，它如何能成长？如何能长大？如何能拥有从容活在世间的机会和能力？

生命之初，上天就以最自然最本能的方式告诉我们在这个世界上活好、活出自我风采的方法。可是，随着我们一天天长大，忘记了这一切，忘记了我们是如何长大的。

我们常说，一个会玩的孩子，长大后才可能更有出息。因为会玩表明他们对外界充满好奇，孩子通过玩的方式，不断探索外面的世界，从而更好地认识世界，认识自己，在这个过程之中，让自己在真实的世界中，更真实地成长。

很可惜，现在的孩子大多从小就被父母压制学习功课，很少有自己玩、独立探索世界的机会。于是，这些孩子长大后，很有可能成为眼高手低的人，他们学了很多知识，但动手能力、行动能力却奇差，为人处世方面也很欠缺。也就是说，他们错过了童年的玩耍，也错过了认识世界、认识自己的极好机会，自然错失了提升与外界相处能力的机会。这类人大多活得焦虑不安。他们参加工作后，需要通过不断的碰壁、承受打击来认识外界、认识自己，最终找到自己的正确位置，找到自己与世界共处的方式。

事实上，一个人生活得幸福与否，父母决定了八成，通过自己的努力来提升幸福的可能只有两成。

一个人的性情、天赋、喜好、行为习惯、为人处世方式、身体特点、身体体质、健康状况、生活方式、生活态度、价值观、是非观……这些生命里最核心的东西，大部分都源于父母，源于一个人的成长环境。

这就好比一辆普通档次的车，当它出厂上市的时候，最重要的特性及使用体验都已经被决定了。好用或不好用，只有两成是使用者可以左右的。一个爱惜它、会用它、能用好它的人，可以使这辆车用着很舒服，但无论使用者用得如何好，都无法把它用出高档车的特性。或许个别特点用得好可以媲美高档车，但整体上很难超越。

人也一样，若父母给了你一个虚弱的身体，你再怎么爱惜，再怎么注意保养，也很难强壮如运动员。当然，这里所说的是普通人，那些极少数优秀甚至伟大的人，属于特例，另当别论。要知道，他们身上的很多东西，普通人永远无法做到，否则，就不是普通人，而归于极优秀的极少数人了。只有极少数人通过后天努力确实改变了先天的不足，但要知道，他们付出了常人无法想象的努力，而这往往是普通人无法做到的。他们以两成的可能，通过无数倍的努力，改变了先天的八成，完成了自我蜕变。

可能你要说，不是说"三分天注定，七分靠打拼"吗？怎么到你这里就成了先天决定八成，后天只占两成呢？这不是在说先天命定论吗？

事实上，看看周围的所有人，了解一下他们一代代的生活状况、生命演变，你就能看出一二了。"三分天注定，七分靠打拼"，对啊，只因为先天的差异，决定了人与人有着太多不同，所以，我们必须付出更多努力才能平衡这个问题。这里所说的天赋，不仅仅指某方面的天赋，而是指整体生命的特点，如性情、喜好、行为习惯、为人处世方式、身体特点、身体体质、健康状况、生活方式、生活态度、价值观、是非观等。那些某一方面天赋优于常人，但其他方面却不怎么样的人，如果不多多努力提升，自然无法发挥他们的天赋优势。这里的"七分靠打拼"，是对于全方面生命状态而言的，并非某一方面而言。

有一个人，绘画天赋优异，但他的价值观却有问题，又没有付出巨大努力去修正，他画得再好，也无法成为优秀的艺术家。要知道，他的绘画天赋源于先天，他的价值观的建立，与父母及家庭成长环境关系巨大。

对于每个人来说，未成年之前形成的一切生命品质特点，都可以称为"先天"，因为，那都是我们无法自己选择和改变的，都是父母、家庭决定的。

上学的时候，班上总有一个"学霸"，他不用多努力，很轻松就可以考得很好，而我们花了吃奶的力气，也永远赶不上。同时会有另一个"学霸"，他非常努力，他在学习上所做的努力，无人能及，他的成绩，我们也永远赶不上。你可以看到天赋的重要。前一个是天生聪明，后一个是父母及家庭成长环境给了他优秀的行为习惯——努力。其他同学都知道这些，前一个同学，学不来，天赋！后一个同学，不行！为什么？学了也做不到！这就是问题所在。在人生路上，我们会遇见很多人，他们身上的品质是我们永远无法学到的。而这类品质或者是天生的，或者是在童年成长环境中所形成的。理论上来说，只要我们能做到那些优秀的人所能做到的，能养成优秀的人所具有的品质，我们就可以成为那样优秀的人，可是，真的能吗？能做到的人却少之又少，为什么会如此？因为，那些优秀的品质大都来源于天生或者童年成长环境。这世上只有极少数人能够通过大量努力变优秀。然而，能如此努力的人，他们也是得益于先天及童年的成长环境所影响——坚持努力的品质。

说到这里，或许成了一个悖论，因为说来说去，先天及童年的成长环境都是影响巨大的。先天论？命定论？非也！我们说这些，只是说明一件事，我们每个人要活好自己、实现美好人生，唯有一条路能走得通，那就是接纳现在的自己，无论好或者不好，无论自己是优秀还是普通，接纳之后，用心做好自己。用心以适合自己的方式去了解世界，认识自己，之后用适合自己的方式活好自己。

例如，我是一个意志薄弱的人，我就做一个相对优秀的意志薄弱之人，我以自己的方式不断成长，而不用总拿强者对比，显示自己的弱小；我是一个身体差的人，我就做一个身体不太好的相对优秀的自己，以适合身体不太好的相对美好的方式去生活，不总拿自己虚弱的身体与强壮者对比，显示自己身体的虚弱；我是一个长相普通的人，我就做一个长相普通的相对美好的自己，不与他人比较，只以适合自己的方式活出自己的美好……每个人都不去做别人，不强迫自己如别人一样生活，而是向内看，看见自己，做自己，活好自己。

小草弱小，但小草活好了自己，也有它的美。世间万物皆是如此。

为何我们说先天决定了我们生命状态的八成？因为上天通过那样的方式告诉我们，我们来到这个世界上，最重要、最应该的是做自己。只有做自己是自由的、轻松的、从容的，只有做自己才能绽放光彩。同时，做别人是辛苦的、艰难的，因为那是用仅有的两成可能和把握去撼动先天的八成。

相信吧，在生命之始，上天就以种种方式给我们的生命赋予了八成特性，就是给我们指明了一条最适合自己的路。我们只有积极、充满正能量地走好这条路，才能踏上幸福的彼岸，实现生命的成长、蜕变。

47. 跨越无知, 方见坦途

　　我们每个人活在这个世上, 最大的问题不是挫折, 也不是困难, 而是我们的无知! 要知道, 上天在我们面前摆上一个困难的时候, 同时也在不远的地方为我们准备了解决这个困难的方法和途径。只是, 很多时候, 由于我们的无知、自以为是、懒惰、不自信、内耗, 错失了找到那个解决办法的时机。本来上天之所以给我们安排困难, 是因为要以困难的方式, 给我们提供一个又一个生命成长、上升的台阶, 只是当我们面对困难, 退缩、怀疑、抱怨, 甚至以自己的无知损害自己能量的时候, 上天只能无奈地摇摇头, 去帮助那些勇敢、无畏、用心、认真面对每一个困难的人, 于是, 上天的弃儿就这样产生了。

　　这世间的一切皆是能量变化的表现形式, 任何发生, 任何事物皆是能量的变化。而能量有一个永远不变的归宿, 就是能量平衡。也就是说, 任何时候, 宇宙中产生了一个甲, 便会相应地产生一个与甲对应的乙, 甲与乙是相对的, 是能量一体两面的表现形式, 这个地方能量多了, 另一个地方能量就相应地减少了。例如, 冬天很多生物枯萎, 凋谢, 冬眠, 减少活动, 这是能量收敛、减少的季节, 对应的就有一个夏天, 各种生物生机繁荣, 自然能量旺盛。更进一步, 任何一种增加或者减少的根本, 只不过是能量的变化, 并没有真正减少。比方说, 冬天很多生物死亡、凋谢, 从一个更高的层面来看, 并没有真的消失, 而只是转化为其他存在。万物皆在兴衰变化中转化而已。

　　向日葵种子吸收能量成长为一株有茎、叶, 能开花的植株, 当秋冬来临, 它的生命消亡, 它的主要生命能量转化为充满生命力的种子, 它的其他存在则转化为其他生物的食物, 或者经过微生物的分解转化为土壤的一部分。它干枯的株体也可以被农民拿回家当柴火，于是，在炉火中转化为火热能量和灰烬，最后灰烬又可以作为肥料融入土壤。自始至终，没有真正的消亡，所有的消亡都不过是能量的转化表现形式而已。能量只是不同形式的存在，不增不减。这就是宇宙一切存在的真相，也是生命存在的真相。

所以，我们必须明白，生命只是一场生命能量的变化过程而已，我们在这个历程之中，不增不减。我们存在的意义不是拥有多少，抓住多少，而是我们经历了什么，我们的生命能量中转化为正能量的比例是多还是少，这将决定我们的生命归宿，离开这个世界的时候，我们的生命能量是转化为更好的存在形式？还是转化为更不好的存在形式？

如当向日葵的生命结束时，它有几种转化可能：一是整株直接被砍去当柴烧；二是作为优秀典型，留下种子，以供来年播种，植株被拿去当作研究对象等；三是整株被动物吃了，为动物提供了能量，其余转化为动物的粪便，回归大地。

而一个生命最终的归宿，除了外界的状况，更重要的就是它自己在这个生命历程之中，以怎样的状态去应对。这株向日葵没有好的生命状态，直接当柴烧是很可能的；而若它整株生命状态非常好，被作为优秀的典型也是很有可能的。而那些看似外因的突然发生，往往与一个生命的内在生命能量有关。

那些整天背后说人不好，背后陷害他人的人，最终的遭遇会如何？而那些时时与人为善，时时心存真诚的善念，身行好事，口言好话的人，大多诸事顺利。这便是生命能量状态的影响结果。正能量的人总是遇到正能量的人事物，负能量的人总是遇到负能量的人事物。当然他们最终的生命归宿也将有很大差别。

你可能又要说那些做好事却没好报的事例吧？事实上，很多常行好事的人，生命仍遇到负能量，往往有如此状况：其一，好事是为了某种目的做的，做给他人看，内心其实并不是真心诚意；其二，以前做了太多负能量的事。现在的正能量行为并不足以转化以前所积累的负能量，在佛教中，这叫作业障。总之，只要他们坚持正能量的生命状态，生命走向会慢慢趋向光明，越来越好。

一位朋友说起他身边发生的一件小事，冬天的一天，他的一位同事拉肚子，另一位同事马上说了一个方法，去喝杯凉水，说是在网上看一个内科医生分享的方法。因为拉肚子是有肠道炎症了，喝点凉水可以清热解毒。朋友以他自己的常识说，可能是受凉了，你喝杯红糖水，热热地喝下去，有帮助。你认为那个同事会听谁的呢？那同事说："我不喜欢红糖的味道，我还是喝凉水吧！"

现在你是否见识了无知的威力？无知者无畏。其实，无知从某个角度来说是有好处的，因为我们不知道，不了解，所以我们是一个"空杯"，能吸收和容纳更多的东西。然而，对于孩子来说，无知并不可怕，但对于成人来说无知是极可怕的。为什么？因为任何一个孩子，都对外界、对一切充满好奇心，时时都以玩的方式学习成长，认识世界，认识自己。但是成人呢？往往是越无知，越自以为是，总认为自己知道的足够多，并以如此的无知指导自己的言行，终是越走越偏，凭空制造出很多问题来，耗费自己的生命能量。

我们生命历程之中的太多问题，皆是由我们的无知而引起的。我们不断地用自己的无知指导言行，解决问题的时候，不但没解决问题，还弄得更复杂。同时，因为我们的无知，我们也常常被很多无知的人所伤害。

例如，冬天，很多人会感冒，往往是受寒所致，表现为怕冷、发烧、头晕、头痛、乏力、鼻流清涕、舌苔发白，打喷嚏、浑身酸痛等。有些人发烧了，头痛，咽喉不适，马上吃清热解毒的感冒药，吃消炎药，结果越吃越重。因为身体受寒，我们需要吃解表散寒的感冒药，帮助身体把寒气散出去，而不是清热。身体本来就受寒了，你越清热，越寒，自然感冒越重。去药店买感冒药，那些销售员不问你是否受寒感冒，只听到你说发烧，就给你清热解毒的药。我们看到最终的结果，吃药没用，只能到医院打针，挂几天点滴，才会好。

感冒主要分为受寒感冒、受热感冒、暑湿感冒，一般来说，在天气寒凉的季节，大多是受寒感冒，所以，当你天凉时受寒感冒了，不要拖，及时吃几包风寒感冒药就可以好了。受寒感冒与受热感冒的主要区别：受寒感冒是天气凉的时候得，主要症状是鼻流清水，若有痰，是清白痰，咽喉不适是轻度表现，舌苔发白。受热感冒，一般是天气炎热时得，主要症状是舌苔发黄，咽喉红肿痛，黄浊涕。当然现在因为夏天经常吹空调、冷气，所以，很多人夏天也会受寒感冒，可以用发散风寒的感冒药，也可以自己煮点红糖葱白生姜水，趁热喝下去，让全身微微出点汗，就能好了。暑湿感冒，主要是在炎热、潮湿的季节得的，一般是那种身体气虚，脾胃虚弱的人，比较容易得，主要表现为浑身乏力、恶心呕吐、胃口很差，舌苔厚腻甚至发烧头晕头痛或者腹泻等，这类人可以适当喝点藿香正气水，另外饮食注意清淡易消化，忌寒凉不易消化的食物。

现在有很多人吃感冒药不分寒热，往往引起不必要的麻烦。其实，只要你能及时了解受寒感冒和受热感冒，及时吃对症的感冒药，很快就能好，不用上医院。

这只是小小的感冒。生活其他各个方面皆是如此，每一个问题都有一个好方法。只是我们必须放下我执，看到自己的无知，通过不断学习、成长，找到这些方法，自然就能让自己的生命顺利前行，避免很多不必要的麻烦。

48. 生命电脑，致能之惑

随着年龄的增长，你会发现生命核心能量对一个人的生命状态的影响之大。先天遗传及童年家庭成长环境影响所形成的体质、身体健康状况、性格、情绪、脾气、生活习惯、思维习惯、行为习惯、喜好等，直接影响着生活的方方面面。对于普通人来说，其中有些是有益于自己生命的，而有些则常常阻碍我们的生命变得更好。这些生命特性固化到我们生命的底层，成为我们生命的核心能量，它对我们生命的影响巨大，同时却很难被改变。

这就好比一台电脑，我们买回来后，硬件系统本身的特性决定了这台电脑的根本性能和底层功能，相当于父母遗传的身体；我们在这个电脑硬件系统上安装操作系统，这个操作系统的特性决定了这台电脑的实际使用性能，但这性能是受限于硬件系统的，这操作系统相当于一个人童年受成长环境影响所形成的各种行为习惯、思维习惯、价值观、喜好、性格、品性等；接着，我们安装应用软件，这些应用软件决定了电脑具有的功能，但这些软件性能的发挥受限于操作系统，这些应用软件相当于我们后天通过学习而得到的各种技能。

若一台电脑的硬件系统本身不够好，无论装多好的操作系统，装多好的应用软件，都不会好用，也很容易出问题。若有好的硬件系统，但操作系统没装好，这台电脑也不好用，会经常出问题，如速度慢、死机等。若有好的硬件系统，也安装了良好的操作系统，但却没安装好的应用软件，那这台电脑只是一台好电脑，却没什么好的功用，无法发挥它的优秀价值。

想想看，一个人没有好的身体，就好比一台电脑没有好的硬件系统，他这一生将很不易，他生命的价值往往受限于身体。对于普通人来说确实如此，但对于那些极少数优秀的人，可能会把这些硬件的不足，转化为更强大的动力，进而弥补先天不足，实现生命状态最优化。我们往往会看到，他们所付出的努力是普通人难以想象的。我们做个假设，若这些极优秀的人拥有先天的好身体，再加上他们如此努力，他们的生命将会更加出色，实现更大的价值和成就。

一个人的童年成长环境就如一台电脑的操作系统，其一生的生命状态将受限于这个操作系统。我们可以看到很多人由于童年成长环境不好，给他们造成了很多心灵上的阴影或者问题，如性格、情绪方面的问题，而这些问题对他们的生命状态产生巨大影响，无论他们多么优秀，都常常被痛苦折磨。这就好比那些操作系统不好的电脑，无论安装多么优秀的软件，都无法发挥这些优秀应用软件的功能，常常出问题，莫名其妙地死机、丢失资料等。这些童年成长环境造成的影响，让他们在与人相处，夫妻相处，与自己相处种种方面产生不必要的负能量，严重影响生命质量，使他们在痛苦和烦恼中挣扎。他们活得不快乐，总是焦虑不安，出现负面情绪，这并非他们真的不好，而是那些童年成长环境所造成的负面影响在生命核心层面发挥作用，制造负能量。

通常来讲，一台电脑的性能及它所能实现的功能，八成取决于硬件系统及操作系统。只有两成是看安装什么软件，安装的软件是否优质。人也是如此，先天遗传及童年成长环境决定了你今后生命品质的八成。一个聪明的人懂得安心、用心做好自己，不强迫自己做他人。就好比一台 64M 内存的电脑安装了 Windows 98 系统，同时安装了适合 Windows 98 及小内存的应用软件，能正常地运行，能实现这台电脑应有的价值。然而，若你非在上面安装 Windows 7、Windows 8 或者更新的系统，再安装大型软件，结果只能是这台电脑几乎什么事也做不了，你整天就等着它慢如蜗牛的反应，而且经常死机、崩溃。走适合自己的路，成长为自己最美好的样子，这才是生命的本意。

假如一台拥有四核心、六核心甚至更强大的 CPU 处理器，拥有 8192M 甚至更大的内存，高性能图形处理显示卡，高性能大硬盘储存空间的电脑，你安装了最好的操作系统，再安装了最好的应用软件甚至大型高级软件，它都能高效而流畅、稳定地运行，安装的软件越好，它的价值越能更好地发挥。

这就好比一个人拥有良好的遗传天赋，在良好的家庭环境中，成长有了良好的教育，便能成长为优秀的人，然后自然地顺着优秀的方向成长，成为一个极优秀的人。

然而，一台如此好的电脑系统，你却在上面安装了问题多多的操作系统，或者在优秀的电脑软硬件系统上安装了很差的应用软件，这台电脑一样无法发挥它优秀的性能和价值。这就好比一个极有天赋的人，家庭成长环境却很差，这会让他的优秀天赋无法好好发挥。而一个有着同样优秀天赋的人，出自良好的家庭环境，却没有选择好的成长路径，这个人也同样无法优秀，那优秀天赋及良好童年成长环境的价值，只能被白白浪费。

所以，虽然说先天遗传及童年成长环境对于一个人的生命成长影响占八成，但后天努力同样起着决定性作用。这一切是让我们懂得做自己的重要性，也就是懂得做适合自己的事，做适合自己的人。就如一台电脑是什么档次，就安装什么软件，做合适的用途，才能有效发挥它的效能和价值。

那么，我们如何才能了解自己是一台什么样的"电脑"呢？有一句话这样说："我们每个人活着，就是为了用一生去验证自己是什么命。"事实上，我们每个人是在中年以前实现认识自己的。只不过有些人一生都没有真正认识自己，有些人用一生错误地认识了自己，他们都有一个特点，就是把自己缩在狭隘的世界里。只有那些勇敢无畏、坚持成长的人，通过不断探索，认识世界的广阔，从而更深入、更全面地认识自己，他们对自己的认识越准确，越能选择更适合自己生命特点的路径，从而更好地实现自己，进而成长为最美好的自己。

然后，在接下来的生命历程里，在所选择的适合自己的生命路径中，不断努力，不断成长超越，不断深深耕耘，走上生命一个又一个美好的台阶，实现一个又一个蜕变。

49. 能量容器，创造生命

　　生命是一个容器，这个容器的大小由先天遗传及童年成长环境所决定。对于普通人来说，往往一生都受限于这个容器的大小。只有那些极少数优秀的人，用精深不懈的努力，一点点拓展这个已经定型的生命容器，实现容量的极限，更有甚者，突破极限，实现扩容。从这个意义来说，你要做优秀的父母，就须懂得滋养好你们双方的身体健康状态及生命正能量再开始怀孕，修养良好的品性及行为生活习惯，营造健康和谐美好的家庭氛围，再开始养育孩子，如此，你给你的孩子提供了受用一生的生命正能量及生命好品质，这些将决定他们未来一生的八成生命状态。养育孩子是每个人生命中最重要的事情之一，原因就在于，我们要创造生命。然而，很多人却没有真正为之做足准备。很多父母没有准备好做父母，最终受害者是无辜的孩子。

　　现实中，很多父母在怀孕期间及家庭环境方面没有丝毫准备，糊里糊涂就把孩子生下来，甚至很多孩子在父母双方无休止的战争硝烟中，战战兢兢地成长。然后，这些父母又拼命给孩子寻找和提供最优秀的教育资源，希望孩子变得优秀，过上幸福快乐的生活。却不知，孩子已经被他们安装了不够好的硬件系统（先天遗传），接着又安装了糟糕的操作系统（童年成长环境），现在却希望这样一台电脑安装上优秀的软件，就可以实现优秀的功能和价值，结果只能是力不从心。所以，可以看到，这些父母花费了极大的力气给孩子提供最好的教育，而孩子却逆反，不好好学习，逃课，打架，自卑，不听话，调皮捣蛋，游手好闲等。父母费尽了力气，却没有好结果。其实，一切不过都是自然的发生罢了。孩子永远没有错，孩子是无辜的，问题永远在父母。父母希望养育出怎样的孩子，自己就要先成为那个样子，至少以所希望孩子将来的生命状态去生活。孩子在这样的家庭中长大，一切都将是自然的。永远记得，孩子的生命核心系统是由父母建造的，父母决定了孩子生命品质的八成。那句老话："龙生龙，凤生凤，老鼠的孩子会打洞！"还有一句俗话："三岁看大，七岁看老。"之所以这样说，因为对于每个普通人来说，先天的遗传和童年成长环境的影响共同决定了生命品质的八成。

其实，从这个意义来说，现代社会最缺少教育的是父母而不是孩子。当然，这里的教育是指全方位的生命品质教育。这些教育包括健康、为人处世、生命观、价值观、人生观、生活能力、哲学艺术修养、两性及夫妻关系、家庭家族家风等。

很多人一生活得很苦，其实并非生活很苦，而是他们父母给他们建造的生命系统中，负能量太多，总生出些莫名的问题，让他们烦恼、痛苦。我们知道，所有的烦恼、痛苦都是自己制造的，并非他人、外界强加的，原因就在于我们的生命核心系统。同样一句话，有的人听了没什么，有的人听出了乐趣，而有的人听出了烦恼、情绪，这都是父母建立的生命系统不同所致。那些生命系统、负能量过多的人，他人说句夸赞的话，他们听出的是讥讽，他人好心给予帮助，他们感受到的是看不起；而那些生命系统正能量多的人，他人不善的言辞，他们也能听出善意的提醒和建议，他人的阻力，他们能从中获得提升的动力。

50. 生命本质，努力向上

生命是一场旅程，没有对与错。不同之处在于你一生是在做自己，还是在做别人？你一生是在舒展、提升自己，还是在压抑、损耗自己？在于你是否用一生成长为自己最美好的样子？还是你在生命的历程里，越来越不喜欢自己的样子？没有对错，只有安与不安；没有好坏，只有和与不和；没有优劣，只有静与不静；没有胜负，只有美与不美。

总有人问，每个人都希望自己能活得美好一些，工作好一些，生活好一些，但活好自己就得需要如此麻烦吗？为什么一个人要活好自己就必须每天努力坚持成长？为何总说人生如"逆水行舟，不进则退"呢？不就是一个最简单的愿望和追求，想活得好一些，怎么就这么难呢？

其实，有如此疑问的人，是没有看清宇宙及自然的规律。看看这世间，有什么美好的东西不需要努力呢？太阳带来光明和温暖，它需要一刻不停地燃烧，才能有能量；一根蜡烛需要不停燃烧，才能始终给黑暗的房间带来光亮，然而，只需要轻轻的一口气或者一阵微风，它就可能熄灭了，这是很简单的事，不努力燃烧，什么都不用做，这是轻松的事，但能有的，只是黑暗。

再看看那些植物，它们需要一刻不停地进行生命活动，只要它停止生命活动，什么也不做，很快便失去生机。停止对它来说是简单轻松的事，然而等待它的只有死亡，要知道它是为了生而来到这个世界上的。所以，不停努力向着"生"的方向，就是生命的常态。

太阳是带给世界光明、希望和生机的重要能量，它总在天上，于是，每一个生命都在向上生长。小草从土地里钻出来，向着天空生长；小树不停生长，向着天空；一个人刚出生，爬着，接着站起来，然后不断长高……所有的生机都是向上的。生命就是从生到死的过程，就是从低向高的过程，就是努力脱离地下、向上生长的过程。所以，每一个生命，活着就要不断努力向上，这是常态；每一个人，活着就要不断向上，向着光明和美好努力前行，这是常态。否则，便不是向光明的生路，而是向黑暗的死路。

诚然，太阳努力为生命提供光明和能量，足以恒久，也终有熄灭的一天；一根蜡烛，给房间带来光明，努力不断燃烧，终会燃尽熄灭；一个生命，努力向上，努力活着，努力活好，也终会死亡……似乎所有不停努力而得到的光明、希望、美好，最终结果皆是黑暗、消亡——回到起点。看似忙忙碌碌，辛辛苦苦一场空，但因为有了这些向着生、光明、美好的努力，整个过程因为有了这些努力，而充满生机、光明、希望和美好，这就是生命最重要的意义，也是生的美好所在。

也正是因为有了光明、生机，这个世界才如此丰富而精彩，想想看，黑暗有什么？黑暗中什么都看不见，而光明处有万事万物，五彩斑斓，竞相呈现，更重要的是，光明因为需要不停努力，所以才有了不断创造，这个世界因为有了不断创造，才不断发展，越来越好。

每一个人也是如此，活着，就要努力向上、向着光明、向着美好，不断努力成长，这是常态，也是活着的重要意义。我们的生命在这不断努力成长之中，不断创造美好，不断自我蜕变，世界也因为我们不断向着美好和光明的方向努力而更加美好。纵观宇宙和自然，生命的存在就是为了让世界更加美好，而我们每个人活着就是要让自己变得更加美好的同时，使这个世界因我们的存在而更加美好一些。这是自然规律，也是生命的大势，顺者昌，逆者亡。

自然界中的生物不停地用自然赋予它们的生命能量，向着生的方向，向着光明的方向，不断努力，不断创造，乐此不疲，直到生命结束。所谓生命不息，努力不止。

而那些活得痛苦的人呢？他们往往因为无法看到生命规律的这一层面，而自我折磨。他们喜欢活着，更喜欢活得好的，还希望活得更加美好，但不喜欢努力，不愿意成长，讨厌需要不停地努力成长。然而，却忘记了所有的生命、光明、美好，都是需要不断努力的，都是不断努力的自然结果。

这就好比一个病越来越严重的病人，他很痛苦，向往健康的美好，很想得到健康。然而健康是需要治疗的，这是很自然的事。而他却总不治疗，空向往着健康，结果呢？只能是离健康越来越远，甚至失去生命。

如果我们活着，希望活好自己，坚持不断努力，向着光明、美好的方向，这是必需的，也是自然的事。否则，我们就如那个深陷疾病痛苦却不治疗，又想获得健康的人一样可悲，等待我们的，只能是生命和美好的消亡。就如那些停止生长的植物一样，等待它们的，只是枯萎。

太阳从不停止发光，每天照常升起，由此，让这个世界充满生机；所有的鸟儿、动物，日落而息，日出而动，从不厌烦，它们每天都迎着太阳积极活着，在自己的生命历程中努力成长，努力进化，越来越优秀；所有的植物在阳光下努力生长，从不停歇，因为有生的希望，有生机之美，对它们来说，活着本就是一件美好的事，而努力活着，让自己更有生机，是对自己的尊重，更是对生命的感恩。

是的，对我们每个人来说，活着就是一件值得感恩的事，事实上，活着本也是一件极美好的事。若有人认为活着是一件痛苦的事，那是因为他们没有看到自然规律，没有看到世界的真相，更没有真实地认识自己，认识生命。那些认为活着痛苦的人，他们虽然活着，但已经死了。只有黑暗、消亡的能量，才与光明和生机对立、冲突；只有黑暗和消亡才认为光明和生机是痛苦的。

这就好比冰与火，冰的常态是冷、静止，怕光明和热的能量；火的常态是热、光明、动能及热能。对冰和火来说，它们处在各自的常态是最舒适的。让它们处在不舒适的状态，便是脱离常态。

51. 生命常态，苦乐之间

从自己的生命状态，我们可以了解到一个重要的能量信息。例如，当一个人很怕热闹，不喜欢丰富的世界，只喜欢封闭自己，喜欢待着不动，不喜欢做事，说话都觉得累，内心越来越消极、阴暗，精神状态越来越差。那么，从这里就可以看出，这个人的生命正能量在消退，或者说生命负能量过多。具体表现为：一是身体方面，阳气不足，或者阳气受阻；二是心灵方面，负念过多，智慧不足，需要及时加以身心调理，使身心能量恢复正常。否则，生命会越来越弱，甚至引发身心方面的严重疾病。这就好比自然界中，太阳提供的能量越来越少，天气便越来越冷，各种生物都枯萎、闭藏、冬眠，生机和活力减弱。如果太阳消失会怎样？结果很显然吧？整个自然失去生机，处于黑暗、寒冷、寂静之中。

相反，如果一个人总是喜欢动来动去，停不下来，只要闲下来、静下来，就不舒服，就烦躁不安；总是感觉热，口渴想喝水；失眠，精力旺盛，有使不完的劲；脾气急躁等。说明这个人身心方面动能过多，具体表现为：一是身体方面，阴虚血虚，精血不足，阳气过盛，使热能动能过多；二是心灵方面，修为不足，修心不足。这就好比一盏灯，灯油不足，灯芯显得多，于是灯火会烧得大起来，这个时候灯是更加明亮了，但灯油很快会被烧光，结果是油尽灯灭。这类人的动能活力极好是一时的，若不及时调理，身心能量损耗会越来越多，最终油尽灯灭。现实生活中，很多这样的人，都是在风风火火几年后，身心状态极速下降，尽显疲惫，衰老加快，乏力不支，精力不足，同时又停不下来，停下来就不安，就不舒服，晚上睡眠总不好，白天却总感觉累。整个人会变得焦虑不安、憔悴衰老、情绪不好、脾气不好，整个生活一片灰暗。

从宇宙自然到身体皆告诉我们，我们生命的真相就是动静相宜，静中有动，动中有静。事实上，生命本也是从生到死的过程，也是在生与死之间，我们在生的同时，也在一步步走向死亡；而当一个生命结束的时候，也是另一种新生的开始。

那么，好的生命状态是怎样的？

其一，是在生死之间。努力好好活着，同时不害怕死亡。

其二，是在动静之间。坚持努力，坚持创造，保持生命活力，去行动，去做事，去爱，去付出，去感恩，去感受外面的世界，去帮助他人，去利己达人，去让这个世界更加美好，去尝试，去体验，去工作，去生活。同时，懂得适时静下来，停下来，回归内心，放松自己，放下一切，享受生活之美。有动，有静，动静相宜，生命之美好方能源源不断。

其三，是在好与不好、美与不美之间。因为宇宙中所有光明所在，皆是在黑暗中建立的。我们这个光明的世界处于浩瀚的黑暗虚空宇宙中；我们此处阳光灿烂，地球另一端却正是深夜；每一个美好存在的背后都有着不美好的存在。因此，人生中没有什么是完全的好，也没有什么是完全的美，那好与不好，美与不美之间的，便是真实的存在。

其四，是在苦与乐之间。不要抱怨生活之苦，也不要拒绝生活之苦，真实的生活就是在苦与乐之间，就如我们每一个日子皆是在光明与黑暗之间一样。当我们看到最明亮的太阳，我们要懂得，它是在无边的黑暗宇宙中奉献自己，它没有因为宇宙无边的黑暗就小视自己，也不因自己身小能微、无法照亮整个宇宙而气馁，相反，太阳就做好自己，好好做自己，于是，有了我们这个光明、美好、充满生机、丰富多彩的世界。我们好好做自己，不害怕苦，不抱怨苦，生活也将给我们足够的乐。

其五，是在顺与逆之间。没有任何人的人生是一帆风顺的，所有人的生命都是顺与逆之间的历程。要知道，当太阳燃烧自己，发光发热，带来光明、能量和生机的时候，黑暗和寒冷一次次消耗它的能量，从不停止。于是，太阳只有一刻不停地燃烧，自然界中的所有生物自生命之始，阻力、逆境便从未停止，没有小草因为风雨而停止生长，没有花儿因为风雨而放弃绽放光彩，没有生物因为处境恶劣而轻易放弃努力生长。顺逆本是世界的常态，这自然也不是问题。

所以，从这个角度来说，我们每个人活着，无论遇到什么，都没什么好烦恼的，也没什么好抱怨的，我们最需要的是感恩和积极面对，无论遇到什么，不害怕，不退缩，不自满，不气馁，勇敢乐观，微笑去生活。太阳每天都照常升起，即使有时乌云满天，阴霾也不过是一时的，而对光明和美好的追求从不停歇。

人生就是这个样子，生活就是这个样子，在好与不好之间、美与不美之间、顺与不顺之间、快乐与痛苦之间、生与死之间……这皆是常态，我们来到这个世界，不是为了痛苦、烦恼、丑陋……而是为着走向更加美好和幸福，无论这过程需经历怎样的不美好、不幸福。我们来到这个世界，不是为了哭泣、悲伤，更不是为了走向死亡……而是为着修为自己的功课，修炼自己的灵魂，获取蜕变的能量，无论这个过程需经历怎样的磨难苦痛，也无论要经历怎样的挫折打击。

正如太阳努力燃烧自己、奉献自己，不是为了毁灭，而是为了光明，为了让这个宇宙多一点光明，多一点温暖，多一些生机，多一些美好，即使它最终必将走向毁灭。无论如何，最终的结果都是毁灭、消亡，但生与死之间的过程却可以全然不同。也正是这个过程，让生有了意义，让死变成新生。

因此，我们每个人活好自己，就是在认识生命常态的基础之上，接纳常态，然后通过不断调整自己、改善自己，向正向前行，修行功课，提升生命。

52. 提升境界，超越局限

　　事实上，当我们认真省视人生，便能发现，很多问题皆源于我们自己的局限和片面，我们太相信自己所听到的、看到的、感受到的。

　　人或许是这个世界上活得最累的一种生物了，因为人过于发达的大脑使人经常产生过多妄想，而妄想是人类大多数痛苦和烦恼最重要的起源。大多数妄想又源于我们的片面、局限和执着。

　　孔子师徒周游列国，生活异常艰苦，大家吃饭都成了问题。好不容易才弄到一些米，孔子便派弟子颜回负责为大家煮饭。在这过程之中，子贡亲眼看到颜回伸手到锅里抓饭吃，于是去向老师孔子报告此事。孔子听了子贡之言，微微一笑说："我不相信颜回会做这样的事，你去把他叫来，我问问他。"

　　颜回来到孔子面前，孔子问他："你煮的饭可好了？""马上好了，老师！"颜回回答。孔子又说："等饭好了，你盛一碗来，我祭祀先祖。""老师，不可！不可！"颜回赶忙说。"为何不可？"孔子问。"因为饭不干净！"颜回说，"饭快煮好的时候，有房上的灰掉入，我就把灰捡出来，我看到灰上沾有米，我就把米吃了。因为饭掉入了灰，不够干净，所以，无法用来祭祀。"孔子微微一笑："好，那下次再祭祀吧！"

　　颜回出去了，孔子对子贡说："你现在应该知道了吧？耳听为虚，眼见为实，但有些时候，亲眼所见也未必是实啊！一个人的品性，是在平常的点滴言行举止中体现出来的，并非一时所现。我之所以听到你的报告不相信，不是因为不相信你，而是因为颜回平时的点滴言行体现出的品性，让我相信他不会做出那样的事。"

　　而我们总是因为一时的发现，就评断一个人、一件事。事实上，很多时候，我们所看到、听到的都不过是人事物的一个片段、一个片面罢了。若仅仅从这个片段和片面得出结论，往往与真相相差甚远。更大的问题是，我们很容易用这个片面加上自己的主观想法，去评断生命中的人事物，于是凭空制造了太多莫须有的问题，从而烦恼痛苦。

丈夫今天对你总是爱理不理的，你跟他说了好几次，把那坏的灯泡换一下，但他就是没动，坐在书房看书。于是你想，怎么回事？我又没惹你，你这样对我，什么意思？烦我了？爱上别人了？于是，跟他吵起来。事后你才知道，这几天丈夫工作上遇到一些麻烦，心情有些不好，想安静安静，并不是针对你。你才后悔自己不该如此鲁莽。

这件事的根本问题就在于，妻子只站在自己的立场看问题，并以自己的主观判断丈夫的行为——"情绪不好，不理我，是不喜欢我了，烦我了，不爱我了，是针对我的"。其实，若妻子在发现丈夫情绪不对时，站在更高的层面去看，便会有完全不同的感受，如"唉，昨天还好好的，今天他怎么情绪不对啊？我也没做错什么啊，没人惹他。那可能是他有什么心事吧！嗯，那我别烦他了，让他安静安静吧！他每天很辛苦，我应该更爱他才是。这灯泡晚几天再换吧！"接着，你去泡了一杯他最喜欢的红茶，轻轻地端过去，柔柔地抱抱他，对他笑笑，然后去做你自己的事，不打扰他。你会发现，当他情绪恢复时，他对你更加温柔、更加爱护。因为当你不只从自己的立场出现，不仅仅在意自己的感受，不总以自己的主观评判对方，对方也会如你一样，在意你的感受，而不仅仅从自己的立场看问题。

这就好比击掌游戏，你若每次从低处出手，对方也必然从低处回应，你若从高处出手，对方也必然从高处回应，你若用力出手，对方也须用力回应，你若轻柔出手，对方也会轻柔回应。

世间事物皆是相互的，我们希望自己在这个世界上生活得好，就得先从自己开始，使自己总以美好的方式对待生活，使自己总从美好的角度、立场和层面去看待生活。

若你总从狭隘的孔洞看生活、看他人，从狭隘处对待各种人事物，你所感受到的、看到的、遇到的人事物，皆会是狭隘的，你的世界会越来越狭隘，人生道路也越来越困难、越来越痛苦。事实上，不是世界以狭隘对你，也非外界的人事物不待见你，而是你以自己的狭隘创造了自己的狭隘世界。

人生境界很重要！境界就如爬山过程中你所处的位置。付出不同的努力，达到不同的位置，而位置不同、高度不同，所见、所感、所遇皆有所不同。

山脚处的人，所见只是高山，只是巨大的困难，只是不可思量的前路。同行者大多是像自己一样的人，害怕未来，害怕困难，害怕开始，害怕未知："算了吧！那么累干什么，说不定费劲爬上山后，遇到猛兽也未可知，更何况，山上的风景不见得比这里更好！与其花那力气累死累活，不如在树下歇息，来得更惬意，更轻松。"于是，没过多久，很多人已经在树下打起呼噜，而有些人则打牌消遣。

半山腰处的人，所见是向上的路，还有来时的路，只是前途未知，进退两难。退吧，已经花了这么多精力，上吧，实在是不容易。这个位置的人是最容易迷失的，这个迷失源于前途未知、退不甘心。付出了那么多努力，山顶依然不见。更重要的是，半山腰处，郁郁葱葱，所谓当局者迷，处于半山腰位置的人，恰恰正是在这个"局"中。由于付出努力之后前途未知、结果未见，信心受挫，多多少少有些怀疑自己，怀疑自己的选择，怀疑此路是否正确，于是，心有动摇，心不坚定，迷惑始生。心迷，路迷，扑朔迷离！然而，只要坚持前行，总能遇到一些开阔处，可以看到全然不同的风景。由于境界不断上升，确能看到一路前行、一路提升的不同。半山腰处的人，最好的选择只有一个，那就是且行且珍惜。

山顶处的人，所见是开阔，是天地之大，是一览众山小，能感受到成功的喜悦，能感受到自然的博大神奇，能见前所未见。先前所有的迷途，在山顶处一览无余。此时，眼中、心中，皆能见全局。在这样的位置，所有的路都一清二楚，哪些是迷途，哪些是歧路，哪些是捷径……尽收眼底。站在这种能一览全局的位置，不仅仅是"众山小"，更是一切皆小，在这样的境界中，绝大多数人事物皆不足大，皆不是问题；在这样的境界中，能懂得，一路走来，每一步前行攀登的困难、艰险，皆是达至山顶的步骤，每一步都是成长的功课。山顶处的人，更好的选择也只有一个，极高之处，是成功，是成就，是终点，因此，是时候再开始新的征途了。

山脚处的人，因为没有开始，所以无所谓迷茫，也无所谓辛苦；半山腰处的人，因为在途中、在行走、在路上，所以辛苦、迷茫是自然的事；而山顶处的人，已在极高处，全局已见，因此不迷，也不辛苦，感受到的皆是付出之后的喜悦，一路而来的所有努力皆成为美好。这就好比从没喝过茶的人，不知茶味，不足以道茶之味；初喝茶之人只知茶之苦涩；而那些喝过很多茶，达到茶境的人，会感受到茶之香、茶之雅、茶之韵、茶之美。

境界是极特别的，且无论境界高低皆源于前行。一个不曾努力、不曾前行的人，无所谓境界。踏遍千山万水，方会山水之意；阅尽各色人等，才懂真人真性。通过不断前行、不断经历、不断成长，我们的境界才一点点得到提升，而由境界提升，我们对这个世界、对自己才看得更清、更全、更真。而每一个人要活得好，就得先看得清，一个看不清自己、看不清他人、看不清世界的人，极难活得很好。当然，这里所谓的活得好，也是相对的，看你从什么样的境界去理解这个"好"。

所以说，当你的生命充满问题，有很多迷茫、很多困难，那说明你是一个行走在路上的人，无论如何，那都表示你已经上路了，你属于"半山腰处的人"。你要明白，那些你感受到的问题，其实都不是问题，每一个在路上的人自然都会遇到。就如你会饿，你会渴，你要呼吸，你要大小便，这些问题不是问题，因为你活着，它们就是自然发生的事。当然，凡事有度，过犹不及，若你总是饿，或者总是渴，或者总是要大小便，那就不是自然的事了，那表示你病了。你要看看出了什么状况，及时采取措施。

若你总是迷茫，总是烦恼、痛苦，压力巨大，那确实表示你在路上，但同时也说明，你的行走出了问题——你的行为方式、方法是否正确？你选择的路是否正确？

53. 放下"我执"，当下自在

我们生命中的太多烦恼和痛苦、太多束缚和枷锁，皆是因为我们太把自己当回事，太把他人当回事，太在乎自己，太在乎外界。这就是佛教所谓的"我执"。所以佛陀反复告诫，解脱一切烦恼与痛苦的重要法门，就是无我。

你可能疑惑了，不是说"我思故我在"吗？若我不在了，我存在还有什么意义呢？若无我了，那我又是什么？有此疑问是好事，表示你在思考，你想做一个活得好的人。然而，有此疑问，也表明你在"我执"。

其实，所有的发生和所有的存在，尤其是那些产生一定影响的发生和存在，皆因"我执"。什么是"我执"？就是强调自己的存在，强化自己与他人、他物的不同。

举例来说，我们说"行走"这个发生，就意味着从甲点到乙点，这个过程你可能步行、跑过去，可能借助工具，还有可能超时空传送，总之有一个甲点和一个乙点，也就是我们所谓的出发点和目的点。然而，假如出发点甲点不存在，那这个行走的发生还存在吗？没有了出发点，就无所谓目的地。你从未出发，也意味着你从未到达。

也就是说，当你放下了"我执"，达到"无我"，没有了"你自己"这个出发点，那"你自己"这里的发生便"不存在"了。这里的不存在，不是真的不存在，而是一种影响角度的不存在。任何时候，我们心中都要保持以阴阳的方式觉察万物。"无我"、"有我"的不同之处在于，这里的"无我"并非完全不存在，这里的"有我"也非绝对存在。

回到前面的例子，没有出发点，没有目的点，就无所谓"行走"，并非说没有出发点、没有目的点，就绝对没有"行走"的发生了。有些时候，我们只是"行走"，不在乎从哪里开始，也不在乎到达哪里，你不能说在这种状况下"行走"就不发生了。事实上，无论你如何"无我"，事实的"行走"就在那里。只是当你"无我"，当你没有"出发点"的"行走"时，这个"出发点"会是任何地方，当你"无我"时，你会有无限可能。当你"无我"时，一切发生皆是自然的，没有对错，有的只是生命的体验和经历，有的只是活出生命风采的无限可能。

"上善若水，水利万物而不争，故天下莫能与之争！"水何以"不争"？因为，它"无我"，无"分别"，它不与万物对立。水为何总能顺势而为？因为它从不限定自己从哪里开始，到达哪里，它只是自然地流淌。若遇四面环山，无法流淌，它就静静地待在那里，做一潭美丽的湖水；若遇极寒天气，它就顺势做晶莹的冰。因为水不执着于"自己"，因为无我，所以水与外界没有任何冲突，任何发生、任何遇见，对它来说皆是自然，它只顺势而为。

试想，若水执着于自己。当它遇见极寒的天气，想到无法做流淌的活水，就会拼命抗争，于是就有了对立，痛苦和烦恼也就产生了；它执着于自己是清澈的水，有东西掉进来，它会变得浑浊，便要拼命抗争，于是对抗开始了，痛苦和烦恼就产生了；它认定自己一定要从山顶上的一棵树下开始流淌，当这棵树枯死、消失后，它的出发点不一样了，它会痛苦和烦恼失去自己；当它坚持一定要向东方流淌500公里到一座山下，而刚刚流淌了5公里就遇见一座大山挡在东方，它会对抗，大山就成了它的敌人，成了伤害它的力量，于是它的焦虑、烦恼、痛苦便产生了。在这座大山的阻挡下，无论如何，它都无法到达目的地，这样它无论如何流淌，无论流经多少美好的地方，到达任何美好的地方，都可能不快乐，甚至它的整个历程都充满失望，充满痛苦。

然而，真实自然中的水恰恰从不执着于自己，不执着于自己从哪里开始，最终到达哪里，它只是自然地存在，自然地开始，自然地流淌，自然地经历。对水来说，一切出发的地方，都是自己最好的开始，一切经历都是美好的经历，一切遇见都是自然的发生，一切抵达都是美好的归宿。它从不执着于任何限定，所以它的流淌有无限可能，而所有的水都自然地流淌，最终自然地汇聚到大海。大海之大，在于容纳；能纳，在于无我，无分别，无对抗，一切发生皆是助力，终成大海之博大。

54. 标准限定，生命之笼

　　想象在一张白纸上画线段的几个情景：在一张白纸上画一段线，不做其他限定，这段线会有无数可能的长度，有无数可能的位置，有无数可能的状态；若画一段两寸长的线，这段线只能是各种位置、各种状态的两寸长的线段；若画一段两寸长的水平线；纸中央，画一段两寸长的水平线……你会发现，限定越多，画出的线的可能性就越少，同时也就意味着越容易出错。当我们只说在白纸上画一段线时，我们如何画都是正确的，而当我们说画一段两寸长的线时，稍一疏忽，短了一毫米，就会出错了。

　　我们生活中的烦恼就是这样来的。由于我们执着于自己，执着于外界，便有了过多限定，于是，生命中常常"出错"，生命的无限可能被束缚，由于常出错，常不如意，常出乎所想，便常痛苦烦恼。

　　其实我们的生命本可以更加轻松，然而，由于我们加了太多限定，太执着于自己所谓的标准和限定，于是，我们失去自由，还常常出错，制造出各种负面情绪，苦不堪言。

　　每个人的生命都本是一张白纸，本有无限可能，每个人都可以在上面画出自己与众不同的生命图画。然而，随着时间的推移，我们越来越执着于自己，执着于外界，附加越来越多的限定，最终，只在白纸中央画了一条两寸长的线段。

　　举例来说，老师给每一个孩子发了一张白纸，并给了他们画笔，告诉他们，今天大家画画。每一个孩子都异常高兴，每一个孩子都立刻在上面画起来，画什么的都有，丰富多彩，无限可能。

　　然而过了一会儿，老师说："孩子们，今天我们画花儿！"于是，孩子们知道自己画错了，重新拿了白纸，开始画花儿，每一个孩子都画出自己的花儿，各式各样，异彩纷呈。

不久，老师又说："孩子们，今天我们画太阳花！"于是，孩子们知道又画错了，又重新拿了白纸开始画太阳花。无论如何，每一位孩子都高兴地画着自己喜欢的太阳花，各式各样，各种颜色，各种大小，各种形式的。

但没过多久，老师又说："孩子们，今天让我们来画金黄色的太阳花！"于是，孩子们知道自己又错了，重新开始画。最后老师说："孩子们，今天让我们来画……的太阳花。"所有的孩子都不知道那是什么，要怎样画才正确，于是，所有孩子都手拿画笔，看着白纸，不知从何下手，最后，只能看老师。老师笑笑说："会画吗？不知道怎么画啊？没关系，今天，老师就教大家画！"

所有的孩子都是快乐的，他们的生命充满喜悦，不是因为他们的生命的美好事物真的比成人多，而是他们的生命没有太多限定和标准。因此，每时每刻皆有无限可能。他们可以从一个小小的事物中体验和发现无限丰富的天地。就如那些只听说要画画的孩子一样，不加限定，他们往往会画出各种美好的事物来，更重要的是，他们在这个自由创作过程中体验到足够的快乐和喜悦。

然而，随着年龄的增长，孩子的生命被添加了越来越多的限定，于是，快乐越来越少，创造力越来越弱，生命的无限可能变得越来越有限。

55. 规矩中和，幸福大道

当然，我们并不是说，我们要活得快乐、活得美好，就得如孩子一样，让自己的生命没有任何限定。事实上，对任何人尤其是成人而言，生命都不可能无拘无束，随心所欲。说这些是让我们明白，若要使自己的生命拥有更多美好，就得学会放下和打破过多的限定和标准。而很多活得累、活得痛苦的人，大多是因为给自己的生命附加了过多的限定和标准。一个活得美好的人的生命一定有限定，不过少也不过多，同时又有一定的自由，不过少也不过多。

放眼看自然中的一切事物，没有不受任何限定的正常的存在，而那些最美好的事物，往往是在不多不少的限定之下产生的。

我们拥有一个美丽而充满奇迹的家园——地球，对比已经发现的其他星球，她有着不高不低的温度，不多也不少的水，不多也不少的大气层，适宜的空气，四季更替。然而，所有这一切美好的环境皆是因为地球离太阳的距离不太远也不太近，既受到太阳的引力，同时又受到其他附近星体的引力等，受到这些不过多、不过少的限定。于是，我们的地球才能形成如此美好的自然环境，为丰富的生命提供繁衍生息的家园。

仔细思量，我们的种种烦恼和痛苦，不就是因为我们忘记了自己是这自然宇宙中的一分子，没有看见和领会自然的运行规律吗？我们的生命中附加了太多的"人为"，要么我们以为，好的生命状态就是没有任何约束和限定，想怎样就怎样；要么我们以为，好的生命状态就是达到某个标准、达到某个目标，或者活得像某个人……给自己的生命套上过多的限定和标准。最终，我们的生命变得越来越乏味，越来越无趣，越来越单调，更重要的是，太少或者太多的限定使生命要么荒废，要么被束缚、压抑，生命的体验剩下的只是烦恼、无聊、迷茫、痛苦。

对于每个人来说，美好的生命状态是有限中的无限可能。我们的生命在一定的范围、一定的限定之上，收获更多的丰盛、成长和喜悦。

例如，若一粒种子没有任何限定，它将会长成任何东西、任何样子，结果可能是什么都长不好。然而，一粒有了适当限定的种子，假如是一粒玉米种子，情况就大有不同。在这有限的限定之内，它将能集中自己所有的生命能量，成长为一株优秀的玉米。虽然，它的基因有限定，但它的生命还是有很多自由，它可以自己去面对种种风雨和困难，在这个生命历程之中，它会变得独一无二。

若一个人无任何限定，他将一事无成。没有限定，没有标准，就没有存在的意义和成长、向前的方向和动力。若给这个人适当的限定，假如他要成为一个军人，那么他的人生就有了方向：进入军营，参加各种训练，体验种种未知，而他的生命也有了各种可能——他可以通过自己的努力成为各种军人，如优秀的军人、工程兵、机械兵等。这个人因为有了这个恰当的限定而体验到前所未有的喜悦和美好。

然而，若这个人的生命加入了过多限定，情况就完全不一样了，假如他要成为一名优秀的航母舰长。有了这样的限定，他的生命可能就变得有限许多，他的生命通道也将变得异常狭窄，同时，他的生命丰富性也将受到严重影响。他的所有行为都将以这个限定和标准去衡量和约束。更重要的是，太多太具体甚至不恰当的限定，让他的生命错过一个又一个更适合他的机会。而这太多太苛刻的限定和标准，也注定了他的生命将极大可能充满挫折和失败。

若生命没有过多的限定，我们可以把每一步走出最美好的姿态，而就在这每一步的美好里，我们成长为自己最美好的样子。

现实生活中不乏这样的例子。那些走向堕落的人，活在无尽无聊、迷茫中的人，大多是因为他们的生命太过松散，太缺乏约束和限定。他们不知道要成为什么样的人，尤其是当下面向未来的限定过少。没有限定，就没有方向；没有方向，就没有动力；没有动力，就缺乏使生命提升的行动；而缺乏正向的行动，就缺乏生命价值感；而缺乏生命价值感，内心就空洞无力，快乐、喜悦、幸福感越来越少，所剩的只有无聊、无力、无趣、无望和痛苦。

再看另一个例子。那些活得压抑痛苦的人中，有相当一部分是因为给自己的生命过多限定和标准。仔细研究之后，发现他们的生命就是一个个标准、一个个目标，似乎他们活着就是为了追寻和实现一个个结果或者目标。因为他们的生命充满一个个目标和标准，所以，美好的过程往往不被重视，生命也因此缺乏喜悦、安和的美好体验。他们的生命从未停歇，事实上也没有时间停歇。那一个个目标、标准和限定，把他们的生命禁锢起来。那些让他们引以为豪的目标和限定，恰恰把他们的生命束缚起来，使他们的生命历程缺少温暖、放松、安详、安宁、平静、幸福、安和及生命的美好，给他们带来更多的焦虑、不安、紧张、刺激、躁动、压力、压抑、沉重、疲惫。

你会发现，在这个世界上，活得最滋润的，活得最美好的，活出生命幸福的，恰恰是那些既不过于松散，又不过于限定的人。他们的生命有追求、有担当、有方向、有梦想，但不强求、不刻意、不紧张、不死守、不僵化，有的是放松的追求，自在的前行，温暖和美好的梦想，感恩和喜悦的精进，以及从容淡定走好每一步，用心体验生命中的每一刻。这是一种生命安和的状态，就如我们美丽的家园——地球，存在于恰当的限定之中，自在、从容地运行、转动，而就在这从容的运行、转动之中，一个美丽而丰盛的生命家园便诞生了。

我们每个人都希望自己活得好，生活越来越美好，人生越来越多彩，然而不可否认，在太多太多人的意识中，所谓的活得好，所谓的美好生活，往往包含着不用怎么做事、睡到自然醒、清闲、不用努力、没有压力、没有约束等。但是这是有问题的。

看看我们身边，那些清闲、睡到自然醒、没有压力、不用努力、没有约束而活着的人，他们处于什么状态呢？更多的是无聊、无趣、空虚、没有存在感、没有安全感、没有价值感、没有幸福感、更多的无力感、更多的不良情绪……或许，刚刚进入这种没有压力、清闲、不用努力的生活状态，他们能感受到从未有过的轻松和愉悦，然而要不了多久，种种不适便会接踵而至。

现实的例子是，那些父母过于溺爱、不用为任何事情操心的人，大多无所成就，其中那些有成就的，也必定是从未放弃追求和努力的人；全职太太大多很无聊，他人看着幸福，其实自己内心常常被无力感、自卑感、空虚感侵袭，生命越来越黯然失色，其中活出美好的，只有那些不放弃追求、用心努力、积极成长的人。

假如有一个孩子，在全然不用操心任何事、没有任何压力、衣食无忧、不用努力的环境中长大，他会怎样？结果恐怕只是无能、无聊、无智慧吧？除非这个孩子因为某个原因自我觉醒，有了追求并采取了积极努力的行动，他的生命将变得美好。否则，越无忧的环境，让他变得越暗淡无光。

你会发现，生命中的一切都很奇妙，我们拼命追求的，往往并不能带给我们真正想要的。为什么会如此？若我们想明白其中的原因，就得学会多观察大自然、观察宇宙万物，因为一切智慧皆在大自然中。

我们来自自然，活在自然之中，又如何能脱离自然大道，而活出幸福、活出自我美好风采呢？太阳每天燃烧发光，照亮世界，如果它有一天不发光了，不升起来了，那它的美好也就逝去了，它的美好价值便也不再呈现了。当太阳不再努力燃烧发光发热的时候，便是它消亡之时。

对于我们每个人来说，没有人的存在不源于太阳，而放眼整个宇宙，也是如此，所有的光明和美好，都是需要努力的。若我们不努力、不行动，就想获得更加美好的收获，那自是不可能的，唯一的结果就是越来越消沉、越来越堕落、生命状态越来越暗淡。

说到最后，我们每个人要活得美好、活出自我风采，就得学会不偏不倚，淡定而积极地努力。既不过于激进，又要避免懒惰和懈怠；既不过于狂热，又要避免冷淡和消沉；既不过于亢奋，又要避免悲观和消极。这种状态就如温开水，不像滚烫的开水那样烫口，也不像冰凉生水，对身体不好，唯有那烧开的水，缓一缓，降降温度，刚好解渴。

56. 心灵指引，美好之径

要活好自己、创造新的美好生活，我们就得保持适当的灵感。我们要在这个世界上生活得美好，就需要灵感的引导力量；让我们对这个世界保持美好的感觉；让我们拥有发现生活美好的能力；让我们拥有更好地渡过困境、解决问题的能力。这灵感是我们心灵的感觉、感受。失去灵感的人，生命将变得灰暗、苍白，对生命中的一切发生，将变得麻木、疲惫、无力应对。

我们常常说灵光一闪，这一闪，我们便拥有了一个美妙的主意，这个主意引导我们更好地解决问题、创造美好。很难想象一个艺术家失去灵感会怎样。灵感不是你想，就能获得的，它源自心灵深处，基于丰富的体验和感知。这其中有两点很重要：一是不断学习，不断让我们的大脑有新的认识；二是适时保持心灵的宁静，无论处于什么境遇，只有当我们的心静下来，灵感才有机会呈现。

你可能会说，对于一个普通人来说，灵感有什么用呢？它可以给你必要的指引，使你能更轻松地解决问题，让你的生命有更多可能，指引你以更好的方式活出自己生命的光彩。它是每个人创造力的时光之门。

假若你整天忙碌，没有一刻静下来，内心焦虑不安、紧张不已，你的一切皆处于大脑的控制之中，你的很多行为都被潜意识控制，心灵之光几乎不可能闪现。所以我们常常发现，我们越是忙碌，越是疲惫，问题越是层出不穷，烦恼、负情绪、负能量越是此起彼伏。

经常有智者提醒我们要静下来，要给自己静心的时间，要懂得事急心不急，即使遇到紧急的事，也要冷静。因为我们只有保持内心安定、心灵静下来，灵感才会呈现，并且给我们以美妙的指引，指引我们以更好的方式处理问题、解决问题、渡过困境。

你想想看，有多少次你陷入困境，面对一个难题，那个极好的解决方法是你"想"出来的，还是"闯"出来的？如果真是我们"想"出来的，那应该是通过类似"100 − 1 = 99，99 − 1 = 98……1 − 1 = 0"的方式得出来的，但恰恰很多极重要的灵感是"闪现"的，是直接出现的。而且这个"闪现"的灵感往往是抽象的、不太具体的，所以每次出现一个灵感，我们需要进一步让它具体化，这个工作就是由大脑来完成的。

例如，你正在制作一个设计稿，但不知以什么主题去呈现，你想了很久也想不出什么好的方式。你就放下这件事，去吃饭了。当你吃饭的时候，突然，一念闪过，一个抽象的主意出现。你欣喜不已，回到电脑前，把那个抽象的灵感具体化，制作出来，果然获得了客户的认可。

很多时候，我们活得累，被一个个问题所困扰，无力自拔，生命越来越暗淡。这时应该反省一下，自己是否太忙碌，没有任何静下来的时刻？是否整天用大脑思考，使大脑越来越习惯于控制一切，而给心灵的时间越来越少？于是，失去了心灵的指引，灵感越来越少，大脑整天以机械的方式瞎忙，忙着解决问题，同时制造问题。我们没有意识到，大脑与心灵是有区别的，大脑只是一个具体解决和处理问题的工具，它无法给我们高层面的指引。

大脑的运作方式是线性的，也就是说，它只能以按部就班的方式工作，如"1 + 2 + 3 + 4 + 5 + 6 + …… + 100 = ？"，面对这个问题，大脑的解决方式，就是一个个开始加，计算结果。而心灵的方式是无限定的。当你静下心来，观察这个问题，灵感会闪现，给出指引：1 + 100 = 101，2 + 99 = 101，3 + 98 = 101……这不是有规律吗？有了这个指引，你的大脑从这个指引开始，具体计算，最终得到答案。

所以，心灵和大脑本是互相协作的，但我们如今太过于依赖大脑，使大脑越来越强大，心灵却越来越虚弱。整天忙碌，大脑一刻不停，心灵根本没有时间呈现。于是，我们的生命越来越没有创意，我们的生活越来越无趣、越来越机械。

另一个重要的提醒是，并非你静下心来，就一定会有灵感，因为灵感的产生，除了静心的状态，更重要的是，丰富的心灵体验和感受及丰富的见识、知识。好的灵感是以丰富的大脑学识为土壤的。一个脑袋空空如也的人，无论他如何静心，也不可能有什么好的灵感。因为贫瘠的土地上无论如何也长不出好的庄稼。

所以说，我们要活好自己，就必须借由自己心灵的指引，唯有好的灵感不断，我们的生命才有创造、趣味，并以更好的方式呈现。而这就需要我们给心灵提供好的土壤。

因此，要活好自己，我们需做到以下几点，让它成为我们美好生活的习惯：坚持每天学习、成长；坚持每天静心至少30分钟；坚持健康饮食，保持身体健康及身体内外环境洁净；每天坚持聆听音乐；经常欣赏艺术；每年安排至少两次旅游，增长见识，开阔视野；早睡早起，坚持阅读；养成记日记的习惯，以记录自己的心灵体验及心念为主；每天睡前记录这一天的美好人事物；培养一项兴趣爱好。这十个习惯帮助你培养心灵、丰富生命，它们将给你的生命带来更多美好的可能。

最终我们发现，活好自己是一种美好的生活方式。这种生活方式建立在丰富生命体验、滋养心灵智慧的基础之上。活得好不是某种追求或者某个理想，也不是拥有或者享用某些东西，而是一种感觉，一种内心感受。一个人活得好与不好，活得美与不美，活得快乐与否、幸福与否，正是内心状态、内心感受、内心体验。而要达到这些美好心灵体验、内心状态、内心感受，需通过一些基于美好的追求去实现。

希望我们在这个生命历程中，都能有所觉醒，明白要让自己的生命美好，需要有美好的追求，但那追求、目标、美好的梦想，不是生命美好本身，我们努力追求它们，只是实现我们生命美好的途径而已。否则，你便执着于追求，执着于目标，终被其所累，而丢失了美好的心灵，与美好生活无缘。我想，我们都能对此有所觉悟，并以自己的方式，滋养自己的美好心灵，活出自己的生命美好状态。

无论如何，在此历程中，我们都将遇到自己生命的种种必修课，这些课程中，有的是轻松的、顺利的，而更多的，或许是以困难、挫折的方式呈现，我们应该意识到，这些皆是帮助我们丰富生命体验、丰富心灵感受、提升心灵智慧、提升生命正能量的重要功课，尽量以美好的方式去对待它们，将能很好地增加我们的生命正能量，让我们的生命获得提升。

在此过程中，只要我们不断以美好的方式生活、正面的言行念培养自己身心的正能量，每一种发生都将越来越好，随着我们生命正能量的增强，它们不断地以更美好的方式呈现，并帮助我们修炼更美好的心灵。

那个时候，我们变得不一样了，生命状态变得轻盈、淡定、祥和、平静。我们能感受到一呼一吸之间生命的美妙，也能感受到古往今来，时光长河的韵律，我们内观身心，看见宇宙与我同在，我们俯仰寰宇，看见一沙一世界。

参考文献

［1］康兰波. 人的实践本性与信息时代人的自由［M］. 北京：中国社会科学出版社，2013.

［2］［美］尼布尔. 人的本性与命运［M］. 汤清等译. 北京：宗教文化出版社，2011.

［3］白林新等. 生活中的智慧与谋略［M］. 长沙：湖南科学技术出版社责任有限公司，2013.

［4］杨力. 阴阳平衡，健康一生［M］. 北京：北京科学技术出版社，2010.

［5］成杰. 正能量的活法：走出心灵牢笼，不做心念的囚徒［M］. 北京：中国华侨出版社，2013.

［6］［美］泰勒·沙哈尔. 幸福的方法：哈佛大学最受欢迎的幸福课［M］. 汪冰，刘骏杰译. 北京：中信出版社，2013.

［7］吴若权. 活出生命能量［M］. 上海：上海人民出版社，2003.

［8］封孝伦. 生命之思［M］. 北京：商务印书馆，2014.

［9］冯家禄. 国学精粹：大学中庸三解［M］. 北京：东方出版社，2013.

［10］奚潘良，奚雍. 身心调理手册［M］. 上海：上海人民出版社，2008.

后　记

　　我一直相信，一个人的生命能量状态，直接影响着一个人的生命状态、人生走向，影响着一个人生命中的每一个发生。多数情况下，一个美好的人，他的生命能量状态往往是良好的，如他们往往身体健康，心态良好。而你要知道，身体健康本身就代表着身体能量状态良好，阴阳、气血运行正常。

　　前不久，与朋友一起旅行。第一天，走了很多地方，体验了很多当地的风土人情，一天下来都没有感觉累，依然兴致勃勃。第二天，依然充满活力，上午去了很多地方。可是，午餐时，与朋友一起多吃了一些寒凉的食物，终使脾胃受伤，大家都感觉有些肚子不适。于是，下午，整个人感觉力不从心，本想去很多地方的，但由于精神状态差了，大家兴致全无，不得不早早结束，回酒店休息。

　　你可能会说，这不一定是食物的原因吧？精神状态差、乏力，可能是第一天累的。然而，我要告诉你的是，当晚回酒店，我们立刻吃了一些调理脾胃的中成药，一个小时后，就感觉轻松多了。第三天，6点起床，精力充沛，来了兴致，大家一起去了很多地方，好不愉悦！

　　这个经历让我深切地体会到，生命能量对我们生命品质的影响。很多时候，我们的一些不好的生命状态、生命走向，往往是由于我们的生命能量出了问题。我们都想自己生活美好，但假如我们的生命能量不够好，这心愿往往极难成真。

　　身体能量如此，心灵能量也是如此。一个人智慧不足，内心正能量不足，遇事很难轻松处理、从容应对。那些身体肝能量不好的人，他们也想脾气好、心情好，但无论他们如何努力，依然只能在情绪发作之后懊悔。那些内心没有宽容、慈悲智慧的人，很难在利益冲突时，放下执着，退一步，海阔天空。

　　我们每个人都活在自己的世界里，一个自己的生命能量所影响的独特世界。身体能量失衡，被各种不适、健康问题环绕的人，生活在他们的世界里；心胸狭隘、价值观不正的人，生活在他们一手打造的世界里；充满爱心、与人为善的人，生活在他们的世界里……我们每个人面对自己的处境、自己的遭遇，无须抱怨，一切根源全在于"我"，一切的出口全在于"我"。

　　那天清晨，当我如之前一样，准备打开电脑接着写书稿时，发现书稿文档不见了。找遍电脑各个角落，全无踪影。此时，我才意识到，前一天，电脑更换硬盘，老硬盘中的书稿文档没有备份过来（为安全起见，设置了特殊权限，就因为这个权限，所以当全选复制备份数据的时候，这些特殊权限的文档没有被复制过去），并且老硬盘已经格式化存了其他数据。当时感觉脑中一片空白，要知道，这些书稿可是我好几个月的努力成果啊！况且书稿已经写了 2/3。一个声音不断在问："怎么办？怎么办？怎么办？"

　　最终，我想到一个方法，用数据恢复软件。于是，经过漫长的等待，终于看到了恢复结果，然而，唯独书稿文档无法恢复。整整一个上午，我都寻找各种方法，希望恢复数据，但皆以失败告终。

　　下午的时候，我问自己："为什么会发生这样的事？"这一定是自己的某些负能量的呈现。想想这些时间，自己的哪些行为制造了负能量呢？能想到的是：因为一直在写书稿，都没顾上回复智慧身心网的网友咨询；微信中的朋友咨询，也没顾上回复；想要帮助调理身体的朋友们，也没顾上认真回访了……因为一直忙于书稿，竟然忽略了太多应该做好的事务。

　　于是，我想，既然事情已经发生，办法也已经想尽，还是没有挽回，那么，随缘吧！已经发生的、不可挽回的事，不必再耗费过多精力了。既然这个发生让我明白了负能量的威力，就应该从中吸取教训，从此更多地做正能量的事。

　　于是，我开始一个个回复网站中、微信中、QQ 上、邮件上的网友咨询。还把这个事件的经历及心得写了一篇文章，分享给大家。另外，我一直想在能力范围之内做一些捐助，于是，马上行动，把这件事落实了。接下来，我还与那些帮他们调理身体的朋友联系，了解他们的情况，给他们一些必要的建议……总之，整个下午，我就全力于当下，面向未来正能量的事务。

晚上 10 点，准备休息，一个念头突然闪现，让我想到一个恢复文稿的方法，虽然，以我的经验，用这个方法找回文稿的可能性也很小，但也算是一个方法吧。我想，那明天试试看吧。

第二天，我接着做自己的事务，同时在电脑上用昨晚想到的方法尝试恢复文档。半小时后，电脑提示文档找到，我放下手头的工作，小心地打开找到的文档，很可惜，全是乱码，看来没戏了。同时，我看到了几个不同时间点的文稿档，于是，打开了另一个，在文稿打开的那一刻，异常紧张，两秒之后，熟悉的文字展现在眼前。啊！喜悦无以言表，接着内心满满都是感恩。要知道，电脑硬盘被重新存过其他数据，原来丢失的数据找回的可能性几乎为零。然而，这个极小的可能却发生了，这在某种意义上来说，在我的生命里也算奇迹了。

通过这个事件，我能看到的是能量的呈现，及其对我们生命的影响。或许，你会对这发生做出其他解释。但我要从另一个能量层面来解释这个事件。

任何一个不好的发生，往往是我们生命负能量呈现的结果，例如，我没有及时回复那些真心期待帮助的网友，辜负他人对我的信任、尊重；例如，想好要做的事，却一直没有去践行；只顾着自己写书稿，忘记了那些信任我找我调理身体的朋友们，没有尽到自己的心……

而我们生命中的各种发生，是转坏还是转好，取决于我们生命的正能量是否充足。已经发生的事件无论好与不好，当我们不断积累正能量、避免负能量的积累，这些发生的事件往往都能慢慢向好的方向转变。

所以，当我面对一个不好的发生——文稿丢失，选择的不是悔恨，不是抱怨，不是气愤，也不是费所有的力气去挽回，而是着力于当下，此时开始，可以做些什么，让生命中的一切变得更好。于是，我把更多的精力用到了正能量的事务上面去。而从某种意义上来说，这些事务不断积累正能量，才使那个不好的事件发生了好的转机。

其实，任何时候，生命中的一切皆是我们的功课，只要我们时时懂得以正能量的方式积极面对，便没有任何发生是真正不好的，一切发生皆是上天的恩典，皆是上天给我们的礼物。

正如，如果没有这个文稿失而复得的发生，便没有这样一篇后记。生命中每一个发生都是生命向好的台阶，都将是使我们的生命越来越好的力量。只要我们保持这个觉察，时时刻刻积累自己的生命正能量。而身体健康、心灵正能量充足、新生活、好生活是自然呈现的结果。

最后，衷心感谢每一位为本书的出版付出努力的朋友们，及各位出版编辑老师们！有你们的帮助，我才可以把自己多年的心得以书籍的方式呈现出来，与更多读者朋友们分享！

愿每一位与这本书有缘的朋友健康、富足、智慧、美好、安和！

照临

2015 年 6 月 2 日